STAR
SUDOKU

LEVEL 1
300 VERY EASY PUZZLES

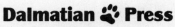

Dalmatian Press

3101 Clairmont Rd. Suite C, Atlanta GA 30329

This edition published in 2006 by Dalmatian Press
3101 Clairmont Road, Suite C
Atlanta, GA30329

978-1-40372-909-5

10 9 8 7 6 5 4 3 2

Printed in the USA

How to Solve Sudoku

A Sudoku grid is made up of nine boxes, each made up of nine smaller squares or 'cells'. Lines across are called rows, while lines down are columns. Some of the cells already have numbers in them and you have to fill in the blanks.

To solve a Sudoku grid, you have to place a number from 1 to 9 in each empty cell, so that each row, column and box contains all the numbers from 1 to 9 once only.

Although you don't have to be a math wiz to solve a Sudoku puzzle — all that's needed is logical thinking — you will find some of the following techniques very useful in helping you complete the 300 puzzles in this book.

Example 1

This technique involves looking at one box at a time and filling in as many numbers as possible in that box. In the example, right, a good place to start would be the central box, as it has the most numbers already filled in.

8						4		
		8		1				
	9						2	7
	7		9		8	2		4
					2	6		
	3		6	4	5	1		8
			1	8	4			5
3		5					8	
		4	3		6	9		

From the numbers already placed in the central box, we can see that it doesn't yet have a 1, 3 or 7. The first column of that box already contains a 1 and a 3 elsewhere, therefore those numbers cannot be in that column of the central box (remember the bit about only one per row, column and box?) and so the empty cell must contain a 7. At the moment, we can't tell which of the remaining cells in that box will include the 1 and 3, but it will probably become clearer as we fill in more boxes. Before moving on to another box, it is always a good idea to check if any placements you've made have revealed any obvious numbers elsewhere.

Moving on to the central box at the bottom of the grid, we can see that the numbers 2, 5, 7 and 9 are missing. Starting with the middle cell in the box's first column, we see that numbers 7 and 9 are already placed further up that column (we just placed the 7 — above), and that number 5 is already placed along that row. The empty cell must, therefore, contain the number 2.

The number 5 cannot be placed in the central row of that box as there is a 5 already in that row of the grid. The 5 must, therefore, belong in the empty cell in the bottom row of the box.

Before attempting another box, we can see that only two numbers are missing from column four of the grid — 4 and 5. As there is already a 4 in the top row, the 4 can't go there, and so must be placed in the third row down, leaving the top cell for number 5.

Continue filling in the grid in the same way until the Sudoku has been solved.

Example 2

The centre right box of this grid needs a number 1. Moving along each row and column, we can strike through any line containing a 1, from top to bottom and left to right. Doing this eliminates any cells that can't contain another 1 in that row or column, leaving us with only one empty cell in the centre right box — column eight, row six — in which number 1 must be placed.

5					9		2	6
			6				4	
			8		5	1	9	
	2	1		5				
				1	3		6	2
8		4						
		5				9		7
4	7	8		9				1
9				8		6	5	

Example 3

The first box (top, left), doesn't yet have a number 2. It can't be in one of the empty cells in the third row, as there is already a 2 further along, so it has to be in cell one of rows one or two. That means that number 2 can't appear anywhere else in column one.

Looking at the bottom row, we can see that it is missing the numbers 2 and 4. Since number 2 for column one is in the first box, the last cell on that column must be the 4, with the 2 going into the last cell of the bottom row.

	1	5	6	4				8
	4	8	9	1		6		5
6			2	8	5	1		
8		3	5	7	1			6
	7		8	6			1	
	6	1	3	9		8		7
	8				6			1
1					8		6	
	5	6	1	3	9	7	8	

Example 4

In this grid, column eight must include the number 2. Following the column down, we can see that the only places it can go are in the top two cells, as the empty cells further down each contain a 2 along those rows. Since row one must also contain the number 2, the only place it can go is in column eight, as the other empty cells in that row contain a 2 along their columns.

3		7	8	4				
	5		7		3			
						1	7	3
	2		9					8
	4			7		3		
1				4		6		
		2						
			1		7		9	
			6	2	7			5

1

	4			7		3		2
			8			6	4	
1			3		2			
	2	1				5		
4	7			8			6	9
		3				8	2	
			6		4			8
	8	2			7			
7		4		5			3	

2

1	7		3	8		5		
4			1	7		2	3	
		3						
				9				
9	4					3		6
5	6		4		3	1		8
	2		5	6				3
8	1							
			9	1	4			

3

4						5		
	8			5				1
9			4		7	6		8
	5			2	3		7	
	1	4			5			
	7			4	6		5	
5			6		2	8		4
	6			7				2
2						7		

4

1	3			6			4	2
	4			5			7	
				8				
8	7	4		1		6	9	5
	5						2	
	9		5	4	6		3	
		2	1		4	7		
7								9
			8		9			

5

								6
8		4	1	2			5	
			9		5			7
		3		9			2	5
		7		6		9		
5	8			3		7		
7			4		2			
	4			1	3	6		8
3								

6

	5							9
			5				3	
	2	9		8	6			
1	4	3	8			9		7
					4	5		3
7	8	5	2			1		4
	1	6		4	2			
			1				9	
	7							5

7

6	9				1		4	
4	8	3		2				
	1							
	7		3	5		1	8	4
1			8			3	6	
			6	8		7		3
9			5	3				
			1			8		2

8

1		4				9		7
3	9						2	1
	2			1		5		
8			9	5	2			3
	5		4		7	9		
			8		1			
2	7		5	8	6		1	4
			2		3			

9

			2		7	8	5	
							7	
2		7			1			
1	7			8		2		5
8			1	4	6			9
3		9		7			4	8
			8			6		4
	1							
	9	2	7		4			

10

	2		9	3		6		
6				7		3		
7		9			4	2		
4			6			7		
			4	9	5			
		1			3			4
		6	3			4		8
		8		4				1
		7		1	9		6	

11

7		2	5				6	
	5				2			
6		8		4			3	
2				9				7
		5	6	8		1		
	4							6
				5			7	3
3		7				5		
			7		9	6		2

12

7			2		9			
	1		7	4			5	
	9	4			3			
4		8			7			
		1	8	9	4	5		
			6			2		8
			9			3	8	
	7			3	2		1	
			1		6			4

13

4							1	
		7	8					
	8	6	1		5	9		
	3	1	4				5	7
				8	9	4	2	
		4		5	1			
		8		4				
3			5	2				4
			9				3	

14

8	9				5		2	
	8	9				5		2
6	4				1			
				8	3			
	7				2	6		
				9				
		1	5				3	
			1	3				
			6				8	9
4		5			9	2		

15

	6						9	
7			6	8	5			4
2	1			3			7	5
	3		8	4	2		1	
			7	1	3			
		6		2		9		
		1				2		
4	2		1		9		8	6

16

7			2	3				1
	6	8						5
						7		
		9	3	6	8		1	
		1		7		6		
	7		1	5	4	3		
		5						
2						4	7	
1				9	3			2

17

7	5		4			6		2
6			2			4		
	2				1		7	9
					8			
		5	7	1	4	8		
			3					
2	8		1				5	
		1			6			7
3		7			9		6	8

18

	1				3			
	9		8					
3						8	5	9
9		7	6			3		5
1				9				4
8		5			1	9		7
2	5	6						3
					9		6	
			1				4	

19

							2	8
	4			7	3		9	5
			2	5	8	7		
			5				1	
		6		4		8		
	3				2			
		2	9	1	5			
3	9		7	8			6	
8	7							

20

7			1		3	5		6
	4							
	5			8				7
		1						8
				7		2		
5		7						1
		3	8		6			
	8					4	6	
			3					9

21

	7		5	6				4
5				7	2			
6		3	4					8
					8		3	1
4				2	9			
					6		2	7
7		6	2					5
1				3	5			
	9		6	1				3

22

4	9				7		8	
	8			1				7
			2		3		1	
								4
	3			9			6	
7								
	7		1		8			
5				6			7	
	4		5				2	8

23

		4					7	
	7			8	9		1	
6		5					4	
			9		3			6
	3				1			
	9		5	2	8		3	4
						7	5	3
8	5	7			2	4		
			7		6	9		

24

					4	1		9
		1		5	6	8		
3	2						6	7
5				8				
2			6	1	3			5
				4				1
6	5						1	8
		8	2	7		3		
4		3	1					

25

			7					1
						2	8	
3		5			1	6	4	
	5		2			7		
		4						
	1				3			4
7		1		8		5		
	6		5		2			
		2				3		

26

1		9	3		8	4		2
		5				7		
		3	7	8	5	1		
	8			9			7	
9	5			3			8	6
		4	2	7	6	9		
				5				
		8	9		3	6		

27

	1	8		9				7
					4			
2	3		6	7				1
	4		5	6				3
7				1				6
6				8	7		4	
3				4	6		8	5
			9					
1				3		9	6	

28

				3				8
	5	6			7		4	9
	8							
			4		8			
1				6		2		
	7		2				3	6
				5				1
	4				3			
8	2				1	4		

29

		7				3		
			8	6	7			
4								8
2								7
1	8		7		6		3	5
7		5		1		2		6
	7		2		8		1	
9		2	1	7	4	8		3

30

6								5
5		3	1	4	7			9
4				9		3		
			4		9			
3	2	1	7		6			
			3		2			
1				3		5		
9		6	5	7	8			4
2								3

31

		2	3		1		9	6
4					9			7
					6			
		9	8			6	4	1
	4	5						
	6				3			2
	1	3		9	8			5
5		4	2	3				
6	9						3	

32

	7				5			4
1							3	
5		9	3					
9	2		4	7		5		
8	3		6		2		4	
7	4		8	1		6		
6		7	9					
3							6	
	1				6			9

33

4					2	7		5
5				7				1
	2	9	1			3		
			2		1			
2		6		8		1		9
			6		4			
		2			9	8	6	
6				1				3
3		5	8					7

34

		7		8				2
					1	3		
6	9		5	3		8		1
5					3			
2				6				9
			4					8
8		5		4	2		1	6
		6	8					
7				1		4		

35

2	7						8	3
1								4
		6				1		
	5		4		8		1	
8				5				6
	2	1		3		5	9	
3	9			4			7	1
		8				4		
		4	1		9	8		

36

	1				8			
2			6	1		3	4	
	5	3						
	9	8			6	4		2
				8				
1		5	4			8	9	
						7	6	
	3	4		7	1			8
			3				2	

37

4		5	1	7				
	8	2	9				3	1
1	7				2			
3	2			4		8		9
9			2				7	5
		4						6
			4			6		
	6			1				
	4		7	6	8			

38

8		4	1	9		5		
							2	
2				6	4			
5								9
6		9		8				
		1			9		7	
3						2	8	
	6				1	4		
			7					6

39

2							9	
5			6		7	1		
	3	1						7
	1		2	6				4
	2		1	8	5		7	
9				7	3		2	
8						2	1	
		5	3		8			9
	9							3

40

	5		1	9			6	
					7			2
1			5	8			7	
8	4						2	
	9		6	2	1		8	
	7						3	5
	1			3	4			7
7			9					
	2			5	8		1	

41

		7		3				
			5	2		7	3	
5						6	9	
		3		8				
6					3		1	5
			6				4	
8		5			1			6
3	7							
	1	6		7		8		

42

4	6				8			
8			4	6			5	
3						6		
7	2	6						5
	4		8				3	
9			5	2			6	
		9			4			
	7			3	2			4
			9		5	7	2	6

43

	1	6		2			9	8
2						5	1	
	9		8		1			
			1		7	2		
			4	3				6
			2		6	4		
	7		3		5			
9						8	4	
	6	1		8			5	2

44

	3				4			
8			9	3		1		
		2					4	
				8			3	
1		8		9		5		6
	5			7				
	1					7		
		9		6	2			3
			5				8	

45

4								
	1				7			5
			6	2			8	
		4				3	5	
		7			4	9		
	6			1	3			
			7	4		6		
		5	9					7
	4						9	8

46

2		7						3
	3			7	5			
	1					9	7	
				9		2	8	5
		9		1		7		
4	7	2		5				
	5	1					2	
			3	8			4	
9						3		6

47

			6	1	3			
6		7	2		5	3		4
	8						5	
		8		7		2		
		2	1		4	8		
3				2				1
			8	6	1			
	3			4			8	
	2	1				5	4	

48

		2					8	9
				3				6
7	3				9			
5				8	1	9		
					5		1	
	4	3						
	2		7					3
	1	6	9			8		
					4	2		

		6				9	8	
	1	9			2			3
						1		4
2				1	6		9	
				3	8			
9			7					
	6						1	5
	5	8					7	
			4		1			

5		9				4		
		7		2				6
6				4			8	
		5		8	3		2	
2		4		6		8		3
	6		7	5		9		
	2			3				4
9				7		3		
		6				2		8

51

5	8						2	
4	7				3			
					9	5		
					8	9		
						3		5
	2	5	1					
		6	8	9		2	4	
3						7	5	
				6				

52

1		2						
6	8		3		5	1		
5					7	3	6	
	2	6			4			
3				8				4
			5			8	9	
	6	3	9					8
		1	2		8		3	5
						9		1

53

2	3		9		1		6	8
4				7				9
		1		4		7		
6								5
	7		6	3	5		8	
	4	9				5	2	
		5	7		4	8		
7		2				1		4

54

9					3	5		2
		5					9	
	3				7			1
				8		4		6
			2		5			
6	1		9	3				
7							1	
			8			7		
		2	3					4

55

6					7			9
	4	9		3			8	
	8			5				
				1			6	
	1	4	8					
3					9		7	
						8		2
	6		5		2		3	
7						5		

56

2	5					7		
1	7							4
3					9		2	8
	8		3	1				5
			7		2		6	
	1		9	8				2
4					7		5	3
5	2							7
8	3					1		

Puzzle 57:

						9	6	
	4	5			6			
9			1	5		3		
					5			
1		8		9		5		6
			2					
		6		4	8			9
			7			4	1	
	7	4						

Puzzle 58:

				5				
	4	5	8	2	1	9	6	
		2				8		
5		1				2		9
	2	4		6		7	3	
	3	7				5	1	
	5	3				1	2	
			4		3			
	1						9	

59

		5				4		
2			5		7			9
7							2	1
	1		8		5	3		
	2	3			1	7		5
	4		7		2	8		
1							3	7
4			3		9			8
		6				2		

60

	2					8		
6	3			9			1	
			3		2	5	7	
		6	2		5			
	1							
		4	7					6
9		8						
	6	7					2	4
					6		3	

61

2	8	3				9		5
6	9			8				
5		1			3		2	6
			8		9			2
	6			2				
		9	3		4	7		
1					2			4
		6					3	
4		2	7			1		

62

4			2					9
					1		6	
7		6				3		
		1	7		6			3
	9		3	4	2		8	
8			5		9	7		
		9				4		8
	7		1					
2					4			7

63

		4		7			6	
			4			3		1
7		3			5			4
	7	2			8			6
				6				
5			7			2	8	
6			2			7		3
2		7			6			
	9			3		6		

64

7			3	9				1
		1	2				9	
	9	6			1		5	7
8	3				9			6
9				3	8		7	
		5	4	1				
	5	7		8			3	
2		3	9					5

65

4	1		6		2			
5		8					1	
	3				5			7
8				3				
			2	4				9
9		1				3	7	4
					8		2	
	8				9	6	4	3
		4		5	3		8	

66

2			1					
	7				3	2	6	
		9		5			3	
7								3
		5		9				7
	1				8			2
	3					4	1	
	5	1				7	2	8
			4	1	2		9	

67

	9					7		
4			8	9				
		2		3	4		8	
	8							9
	2	9		8		5	4	
		5						
6				7		1		8
		3		5				
			1			2		

68

	1			9			6	
		3				8		
			8		6			
		4		5		9		
		6	1		3	2		
1			9	2	8			6
4	7	9		6		3	8	1
2								5
6				1				4

69

7	1	9		3	4			
5	6		7					9
	2							1
9						5		
2			5	1	8			3
		7						4
6							1	
8					3		4	5
			4	8		2	6	7

70

3		4	2	9				7
				1				
2						5	9	
8			3	6	9		1	
1	2		5	4		3		
			7					
		5		3		9		4
		8	1				3	
4						8		

71

1								8
		6	1	4	5	9		
	2		8	3	6		5	
4		8				3		9
2		7		9		1		6
				8				
			7	6	9			
5	8		3		4		9	7

72

8						5		
	9		6					
7				8	5	1		4
				6		3		
			7		9	8		
9		7		4			5	
		4	8					
	6						3	
			1			9		5

	4	1	6	3			2	
9		2				3		
		6			8			
4			9		2		8	
				4				
	1		8		3			4
			4			7		
		5				1		2
	2			8	9	6	5	

1								4
			1	9	3			
			2	7	4			
	9	5		4		7	8	
7	6			1			4	5
		1		5		6		
		2	5		7	8		
6	5		9		1		2	3

75

	9	1				3		
2					4		5	
		7	2					9
	6							4
			7	9	1			
7							9	
9					8	5		
	1		4					3
		6				1	2	

76

				9	4			6
			8		6		1	
	6	4			3	8		2
			9			6		
	3	7		1		2	8	
		5			7			
8		3	6			4	2	
	9		3		1			
5			7	8				

77

4		2		9				7
	5		8					
					1	2		
		3		7		9		
			3		6			5
			4	2			1	
	6				5			2
	4	9					5	
								3

78

4	5							
8					3		4	5
		1			4	7		
				5	8		6	9
	1		3				9	
8				4				3
	9				2		7	
1	4		2	3				
		7	6			4		
9	6		4				2	

79

				7		3		4
					6	9		
3			9				6	
4			5			2		
2	6		8	3	7		4	9
		8			2			7
	3				1			5
		9	6					
1		6		4				

80

	4							1
		8	7	3	4	2	9	
					5		8	
		1				9	4	
8	6			9			1	
		7					6	
1		6	5		2		3	
7				1				6
4	3	2		8				

81

6		8						1
		9		4		8		
2		4	5					
	6			7			5	
1		5	9	6	4	3		8
	4			5			6	
					3	6		7
		6		8		2		
7						9		5

82

			6				8	
					4	6	5	
6		7	2					
1					5		3	
			7	9	1			
	2		3					1
					8	5		6
	1	8	4					
	4				9			

83

2			9	7	3			8
			1		6			
8								6
				6				
7		3		2		6		9
	9	4		1		7	8	
	6		2	9	7		4	
		8	6		4	5		
	7						6	

84

		2	4					5
	9					4		
7					6			3
2			5		7		3	
				4		5	7	
		3	2		1			
	8			9		3	2	
			6	3		7	9	
9		1						8

85

	8						1	
9		2				6		7
		5	1	2	6	3		
		4	9		5	7		
8				3				6
		9				1		
	9		3		4		6	
1		8	2	6	9	4		3

86

3				7	5			
9			6			3		
						1	4	
	6				4			2
	7	5		6				8
			1				5	
8				4				
	3			9	2			
		7					8	9

87

		8	2	7				4
	9		4		8			
						1		7
		7	9		5	6		2
		9		4		7		
4		3	6		7	8		
9		2						
			3		2		1	
8				5	4	2		

88

3		1			9			
					6		3	
7	8	6	3	5				
	3					9	4	
	1		4	3	5		7	
	6	4					5	
				4	3	7	1	9
	5		6					
			1			5		8

				6	4			9
4			5				2	
	3	9	7			6		
3			6			4		
	5		1			3	8	2
2			9			1		
	2	4	8			5		
8			4				3	
				5	1			8

8							9	
9		6			1		5	8
	4					2		
6	8				7		2	
		7		9				
3	5		8					
5		4		7			8	
			5		3	7		
7			1	2		8	4	9

91

2		7				5		4
			4		1			
	4						3	
	7						2	
	2	4				8	7	
8	9			3			4	1
1			2		4			3
	6			1			5	
	3		5	8	6		1	

92

	8		2	6	4	3	7	
3				7		2		
		7						
8			1				3	
6	1				9	4		
5				8		1		
1	9			2	7		5	4
2			9			7		
						6		2

93

		6			2			8
9					6		1	
3			1	5	9			
2				1	8	6	3	5
	7				4	8		
						2		
	6	7						3
4	9	3		2				
	8				3	5	7	

94

6	8			4			5	
		4		6	2			
	1	7			9			
8					1	4		
9		6		2		8		3
		1	5					7
			4			1	7	
			6	1		5		
	4			7			8	6

95

							8	
			9		4	6	5	
6		7	2					
1		9			5		3	
				9				
	2		3			8		1
					8	5		6
	1	8	4		2			
	4							

96

8	9		4	3	6			
4						3		
	2		7	1				
		7		2		1	3	
	4			6			9	
	1	9		8		2		
				9	5		7	
		4						1
			1	4	8		2	3

97

8	9	5	2				1	
	7	1					4	3
		2			7	9		
		8						1
	5			8			2	
7						8		
		7	1			5		
5	4					1	8	
	1				4	7	9	6

98

			3	2		8		
6	4				8	1	9	
		3			1			
	7				6	9		5
3				7				6
5		9	8				3	
			1			2		
	2	6	5				1	4
	5		2	4				

99

	7	2				5		1
				8			9	
3		1				8		7
				1	7			
4	1	9	3		6		8	
			8	9				
1				4		6		8
	6			5				4
2		4		7		9		

100

1		7		5	3		6	4
		4	9		6			
						7		
2	6		7				1	
				8		2	9	
9	8		6				7	
						9		
		2	5		4			
7		9		2	1		4	5

4		1	8	3				
			4	7	9	3		6
		9					8	
			9			7	3	
1				5				4
	3	4			8			
	4					9		
2		5	7	9	4			
			6	3		2		1

6	3	8				5		
	5						9	
9				2	7			
	8	3		5				
4		9		3		2		5
				6		3	4	
			6	1				8
	4						5	
		5				9	6	3

103

	9	4				5		
	6		4		1			
1						8	4	9
				6	3		5	
	1	7	5		9		3	
				8	7		9	
8						9	7	3
	4		8		2			
	7	1				4		

104

		2						
			2		7			
	8		4			3		
			5	9			8	
		4			6			
5					1	9	2	
6				8				9
	5					7		
		1	3					

105

	7						9	
	5	8	7	9	2	1	3	
1		9	6		8	5		2
		5		8		7		
		6	3	7	9	8		
				1				
	8						1	
				5				
		1	9		3	2		

106

			6	9				2
2				4	1		3	6
9	6			5				
	2			8			7	
	5	4				8		
	3			6			5	
4	7			2				
3				1	8		4	7
			4	7				8

107

9		3		2	7			8
		4			6	3	5	
8					5			
3	2		5					1
				7				
5					4		2	3
			9					6
	7	5	6			9		
6			7	4		8		5

108

9	6		7			2		
5		2			9			1
7	1						5	
					1	4	7	
				9				
	5	1	4					
	3						9	8
1			3			6		2
		8			6		1	7

109

	2			5				
5			3	9	4			
6		4					9	
4	9				3			6
8	6	1		2			3	
7	3				8			5
2		9					1	
3			7	1	2			
	5		4					

110

						1	2	
9			6			4	7	
		4	1	7			5	
	7				5	8		4
8				1				2
1		9	7				3	
	9			6	8	5		
	5	2			7			1
	3	8						

111

7			6		1			2
3		8	4		2	7		6
				8				
			7		9			
9	4			1			7	5
			5	4	3			
1				2				3
	2	9				4	6	
		5		9		2		

112

				4	8		7	
		4		5	3	9		
			6				2	
7	2	5				4		8
		6	8		4			
4	8	9				3		2
			4				3	
		7		9	2	8		
				1	5		9	

113

1	8				5			
			6	9	8			
6							5	7
7	6		9		2			
4		9		5		6		1
			4		6		3	9
5	1							4
			2	6	3			
			5				8	2

114

					4		1	2
2				3	5			7
4			2	9				
	4				9		6	3
	6		7			8		
	7				6		9	1
1			3	5				
8				1	7			4
					8		5	9

115

	1		9	7	6		4	
2				5				1
		3		2		5		
4		9				1		7
5	6		2	9	1		8	3
1	5						3	4
				4				
7			3		8			6

116

4								
	8		9					7
6	5		2		3		1	
		9						
8	3			9			6	5
						8		
	7		1		8		4	6
5					2		7	
								8

117

			8			9	4	
8					1			5
7		6	3					
	8		9	6			5	
	1			3			9	
	7			4	2		3	
					5	1		3
1			6					4
	3	2			4			

118

	1			8		2	3	
		9			2			
2			4		6			8
	4		6			3		7
	9	7					6	
	8		5			9		1
3			2		4			9
		1			8			
	2			1		6	7	

119

	9				3	8		
8		1			9			
			7	8	5	9	3	
			9			5		3
		2		3		1		
9		3			7			
	4	7	6	1	8			
			5			6		8
		6	3				4	

120

	2		7	8	6			
					3		2	7
			5			1	6	4
								9
4	5			9			3	2
7								
5	6	2			8			
8	1		9					
			1	7	2		8	

121

8				1		4		
	4	7	3					8
	5	2			4		1	
	1		7			2		6
2				6				
		5						9
4			2			6	8	
		6				1		
	8		6		1			5

122

		9		8				
7			4	1			6	5
	6		7	5				9
	2		5				7	
			9	2	1			
	1				7		3	
6				9	8		4	
2	9			6	5			1
				7		2		

123

	7						6	
9			4		1			8
3				7				1
		3		2		1		
		6				4		
7	8			1			2	9
	4	8		6		7	3	
		9				8		
6	3			5			4	2

124

						1		
7	1		6					
				5				4
2				4				
		8	5		7	4		
		4		9			3	
			2	8				
	9						5	
4					1		2	

125

	2	1						6
				2		4		1
	8			7	6			
8	5					9		4
4	3			8			5	7
1		9					3	8
			2	4			1	
9		3		1				
2						3	4	

126

8		3	1		6	2	5	
			2					3
6		7	3					
1	8	9					6	5
						3	4	
3					9			
4				5				
2			8	4			3	
	3		9					4

127

5				2				3
	2						5	7
		6						
				5		7		9
7			1		3	2		
				8	7			
			2	1		8	3	
	1					4		
8	9		6					

128

4	2			6	8			3
7						8		9
					3			
				9			1	2
1			8	3			9	5
9		3			2	4		8
	7				1			
			7	2				
2	1		3	8	4			

129

	1				8	3		
				3			7	8
3					1		9	6
9	7						1	
		1	3	9	7	6		
	2						5	9
1	4		2					5
8	3			5				
		5	4				3	

130

4	3	7	8					
2							8	
		1						
8				2	5			1
7		6	3	9	8	2		5
5			7	6				3
						3		
	2							4
					3	1	6	8

131

	3			4	8	2	7	
	7	1					9	
		4	7				3	5
				7	3		4	
				2				
	8		9	5				
3	1				5	6		
	2					7	5	
	5	9	2	1			8	

132

		6	1		7			2
				2			4	1
1			6		5		7	
					2	4	8	
				1				
	5	8	7					
	1		2		3			4
7	4			9				
9			8		4	2		

133

	1		6		3		9	2
5					9			
	9	3			1	4	7	
		5				3	1	
			4					
		6				7	4	
	6	1			7	5	2	
2					4			
	7		5		6		8	1

134

					7			
6		9				3		
			4	8		9	6	
	7	4			2			
	5			9			2	
			5			8	3	
	8	2		3	4			
		3				4		9
			8					

135

9	7		6	4	8		3	5
		3				4		
		5	1		2	7		
	4		8	6	5		7	
2	6						8	3
				9				
			5		6			
		6	4			3		
8								6

136

6	9						5	8
1			4				2	
		3				1		
	8		5		9	4		
				8		3	1	
			7					
		7	1	9				
9	2			7			6	
4								

137

3	2				8		5	
		1	2				6	
8		4	3					
				7	6			
	8		4	9	1		7	
			8	2				
					9	5		7
	3				5	9		
	7		1				4	3

138

5							3	
			7	6			9	8
9			4		3	5		
	5			7	6	8		
	1			3			5	
		2	8	5			6	
		7	5		8			4
1	6			4	2			
	9							5

139

			3					
	2	6		9			1	
	9		7			4	3	
9		3	2					5
	5			8				
					1		6	
		8				1		4
	7	9			2			
			1			3		

140

			9	3		5		
1	6		5	2			3	4
5	3						9	
4								
6		2		4		9		5
								8
	2						7	6
3	7			6	5		2	9
		6		7	4			

		5	9			8		4
	8		3		5		7	
		6	1					
			4		3	9		
	9	8		6	7			2
			2		8	5		
		1	8					
	5		7		1		4	
		3	6			7		5

	9				7			
		3		1			5	
			2			4	1	
1						7	3	
		4		9		2		
	2	5						1
	7	2			8			
	1			6		9		
			5				2	

143

	2	7	4	1				8
3							1	
	4		3				7	9
			7			9		6
			9	3	1			
4		9			2			
8	9				3		4	
	6							1
5				7	9	8	3	

144

6		7						8
				1	7			
		1		8				2
4							6	
	1		9	4	6		7	
	9							4
8				6		2		
			3	2				
7						1		5

145

		5						
				1	4	2		
	6	3	9		7	5	1	
		7		9	6	1	5	
			1	4	3		8	
	3			5		6		
	2	6			1	4		5
		4	6			7		
8								

146

		1						4
			2		6		5	
6				1		7		
	5			2		8	7	
		4	7					3
	9							
		5	9			2		
	3		5					
4				6				1

147

9					5	6	7	
1			6					
	6			1		2	5	
	9	1	8					
		2		5		9		
					7	1	4	
	4	8		7			3	
					2			8
	3	9	5					2

148

			4			1		
7							9	5
			3		8	7		
5					7	8		
	2			3			1	
		9	8					3
		2	1		3			
6	9							1
		4			5			

149

	6		4	5				
					2	4		
3	2						6	
							8	
			5	4				1
7				9				5
		8						
1	3					6		9
4	5		6			3		

150

9								
4			3	7	1		8	
			4	9			1	
7	2		5			6		1
		4		6		5		
6		8			2		3	4
	1			3	6			
	8		2	4	7			3
								2

151

	2			4			6	7
					5	3		
9		3			1			2
			2	7	6			
	1	6			4	2	7	
			1	5	3			
8		7			2			4
					7	6		
	6			3			8	1

152

4	9				7	3	8	
							5	
6			2					9
							3	4
			7	9	1			
7	2							
9					8			6
	1							
	4	6	5				2	8

153

7				3	5		1	
		2	9				6	
		1					4	
		7			2		5	6
6			1	7	4			9
1	2		6			7		
	9					2		
	1				9	6		
	7		2	8				5

154

	8		6			5	4	
7	2							
		9			7			
2				6	1			
			8			6		
		3	2					9
5				9			7	
4						9	2	
					3			1

155

8								4
3		6	5				2	
	2					9		
		4			5			
6		7						
2	8	5	1				9	
		2	9	5	1		4	
5	4		6			2		
	9		2	8			5	7

156

8								
	2	9	1	7	8			
	7	4	5					
	8	2				6	3	
	6						5	4
	4							1
			9			1		2
			6	5			8	9
				2	1	5	4	

157

8						6		
		6		3		4	5	
		5	9	8				
6	8	9						
4			6	9	2			5
						9	6	7
				7	9	3		
	9	8		4		7		
		1						9

158

3	2							
8					4			
			8	2			5	6
		8	4	5		3		
		9	2		8			5
	6			1	9		8	2
			9					1
		2			5		3	
		1		3	2	9		4

159

5		6		8	9			
			7	6		1		8
9						5		
	5			7	6			
	1	8		3		2	5	
			8	5			6	
		7						4
1		5		4	2			
			6	1		3		5

160

			4	1			6	
1		6				4		3
3			5	9				
4		7					1	
		2		8		9		
	9					3		4
				3	7			5
5		3				6		8
	8			4	5			

161

7	1		3				2	9
	9		8		7			3
4					9			
9						2		
	2		6	9	3		5	
		6						8
			7					4
1			4		8		3	
3	7				6		1	5

162

			5		6	3		7
	7		8	2				5
		6						
7	5					2	8	
	4			5			7	3
8								6
9			7					1
			3	6				
2	3			9	1	7		

163

					5		4	
		9				3	1	6
	1							
					7	6		3
				8	3	2		
5			6	1				
	8		5	9				
7	2							9
	6		7				8	

164

							9	8
	1			4	9		6	
			7		6			2
		1			2		3	9
9		8	4	3		6		
		5			8		7	4
			9		1			7
	9			2	4		8	
							5	6

165

					8			3
3		1		7	6			
					1	4		
						8	6	5
		7	9	2			1	
				8				
5				6			4	
6	2							
1	3	9					8	

166

	3			4	9			5
		9	2	3				
							9	
	8	4		9		6	7	
6	1			7			5	8
	5	7		1		3	2	
	6							
				6	3	8		
4			9	5			3	

167

	6				3			
8					4	3		
			7			5	2	
		5	2				4	3
			5					
	7			4	1	6		
	5	1			6			
		8	3					1
9							3	

168

	2	5			7			
4	3			9	8			1
	1	7			6			
		3			1	9		
	5			7			8	
		4	9			2		
			7			3	1	
6			4	3			5	9
			1			4	6	

169

4			7	1	6			8
			3	4	5			
		1		8		5		
		7		2		8		
3			8	6	1			9
7		4		5		6		3
9		6				4		2
		2		9		7		

170

|
		4			3	7		
7			1	8	5		3	
				4	7			
9		5	7					2
	6				9		1	
4		1	8					3
				7	6			
6			3	9	8		4	
		3			1	8		

171

		6	1			8		
1		2		8			7	
7				2	6	9		3
	3	5				1		
9				4		6	2	
								5
	8				4		6	7
	2	7			8			
4				6		2	8	

172

					7	9		
6	5	3	9		8	4	7	
	6	5		9				7
	9			7			1	
3				2		6	8	
	8	6	4		2	5	9	1
		2	6					

173

						2		
		8		5			9	
4		1	6		9			
7				8			2	1
		2	5	3	6	7		
9	8			7				6
			7		2	9		3
	2			9		5		
		7						

174

	1		3	5	7		2	
5								7
7	9						8	1
			5		4			
4	3			7			1	2
8								9
	8		6		3		9	
		7	9	8	1	2		
	4						3	

175

6					9	4	1	
				1				6
3	5							2
			8					1
			9	4	6			
5					3			
8							4	9
1				2				
	6	2	4					5

176

	7					9		5
9		5	4					
8				5	2	4		7
6				4			7	
			3	1	6			
	4			2				1
5		3	7	9				6
					3	7		9
7		9					8	

177

7		1				4	5	
			1	3				8
	8				4		1	
						3	9	7
3		2		6		5		1
1	9	5						
	3		6				2	
9				5	8			
	1	4				8		5

178

			6		8			7
		6	5	4			3	1
								4
						8	1	
5	4	8		3		7	6	9
	7	2						
8								
4	2			8	1	5		
7			2		4			

179

	9			5				
	8				4	6		
6		7		8				9
1			8				3	
				9				
	2				6			1
9				3		5		6
		8	4				7	
				7			2	

180

				9				
6	9	7		2		4	8	1
5		4				2		3
	5			3			2	
			6		9			
		9		5		6		
			2		3			
	4	3		1		7	6	
	1		9		7		4	

2	4				5			7
3				7			8	5
	7	8		6				
			7				5	
8	3	5			9			4
			4				6	
	9	2		4				
7				1			4	2
4	5				7			3

		9		3	4			
8					6	3		
			7		2	8	5	
1		3	2			5	8	4
7				8				3
					3	7		
	9	4			5			8
6		8						
	5			7	8		6	

183

2		6				7		8
8								4
	4		7	8	1		2	
		4	8		3	5		
6	3						8	2
7		2		5		1		9
			3		7			
				4				
4	9						5	7

184

	6	7	5			9		
			2	4			3	
				8			4	
6					4	3		7
		5		3		8		
3		2	8					4
	5			7				
	9			2	5			
		3			6	4	5	

185

	2			7	6			4
			8	5				2
		8	2			6		
		4			5	9		
2					7	4	8	5
		5			1	3		
		1	6			7		
			5	3				1
	9			1	4			8

186

	8					2		5
			9		4		3	
4				5	8			9
5	1				6	8		
	7			4			1	
		6	8				7	4
1			2	3				6
	3		6		5			
9		5					2	

187

4			8				9	
			7	5		6	1	8
			1				4	7
		7	1			4		
	3			9			6	
		6			2	5		
8	4			3				
9	1	3	6	2				
	6				4			3

188

	5		8					
	6	2		3	5	7		
8		7	2	4	9		5	
				8		9	7	
			3		1	2	8	
4				9		1		5
		6				4	9	
							6	7
			4			8		

							2	3
	3			5			4	
					3	7		
			3		2	6	5	
	5			4			7	2
		7	6					
		8	5			9	6	
5	4		1	8		2		
9				6				1

	6						8	
8			6		2			4
2			8	1	9			5
	1	2	3	6	8	5	7	
3			1		5			6
		5		4		2		
				7				
			5		1			
	5			8			3	

191

			7	3	2			
				5				
		2		6		8		
8								9
2	9			8			5	4
1		5		9		6		3
	3	9	8		4	5	2	
			9		6			
6	8						1	7

192

		4		6	5			
		2	1					6
7	6							
	9		2	1		6	3	
4			5		3		9	1
2				7		5		
			8		7	3		
			3	5			8	4
	4			2			6	

193

			4					8
9				6	1		3	
4	5						2	6
5				1	7		8	
		2		9		4		
	1		8	4				9
2	4						6	3
	3		6	5				7
6					8			

194

	7			2	8		5	1
1			4			8		
		6					9	2
					3	6	7	5
				8				
4	3	2	7					
6	9					7		
		7			6			8
3	5		8	7			4	

195

8			4				5	
	2	1				4		
	4	5		9	1			6
5			1	7				4
		9	8					
		8				7		5
	3				4			9
7							1	
		6	5		7	2		

196

9	7		2		5		1	3
5	4		1		7		8	2
8				3				7
				9				
	5	8	3		6	7	2	
			5		8			
		1	4	7	3	5		
	6						9	

197

1		9	7	6				8
8		3	5	1				
		7			9	2		
					7	4		
9		2					8	3
3			6				5	2
				4		8	2	5
	9							
			8	3			7	4

198

		8	7		9			6
3	5				2			
	1		5	3				8
		2					4	3
1					4	8		
		4					1	9
	7		1	9				4
6	3				7			
		1	2		3			7

199

	9	2			6			
7	3		8		1			
6				2	4	9		
	8	7					9	
		4		8		5		
	6					7	2	
		9	2	1				6
			4		9		8	5
			6			4	1	

200

	7							4
4				9	2			
	8	1	6			9		
1	9					2		
2	3			6			8	1
		5					9	6
		8			9	1	2	
			8	2				9
7							5	

201

8	5		1			3		
			8		2		1	
	9		7			5		
	3		2	8		4		
		4		1		8		
		1		6	9		3	
		9			4		5	
	6		9		1			
		3			8		9	2

202

ature	5		1			2		
2		3					1	
	1			5	2	3		
5			8		1	9		
		1			5	7	8	
		4	9	3		5		
4		7	5	1	8			
	6			9			5	
								3

203

6		3	5				2	7
				4				
		4		2	1	8		
4		2		1			9	
		8		3		5		
	7			6		1		4
		1	6	9		2		
				7				
2	3				4	6		8

204

|
		8			2			5
		6	1	9				7
7	4				8			
	9			8		5		
	6		7			2	4	
4		2			6			
			3	2			7	
				6		3	5	
2	5							6

205

		3		2		7		1
	1	4			8			
2	7	6	1					
				5		1	2	
				8	7			3
				3		8	7	
3	5	1	7					
	4	2			5			
		7		1		6		4

206

	6		8		7	9		2
							4	
				2		6	5	
7		6						5
1			3	5	6			4
5						2		1
	9	8		1				
	5							
4		7	6		2		8	

207

			4		9			
				8				
3	9		2	6	5		4	7
6		3				4		9
				2				
		5	8	9	4	1		
1	3			4			5	8
				5				
2		4		7		9		3

208

		4			1			
	2	9		3				
5	6	7	4	8				
		5	7			3		
	3	6		5	9			4
4				2	6			9
			8					1
								8
			7	3	4	9		

209

				1			2	8
					5	1		
6	7			8				4
	9	7	5			8		
3			8	6		2		9
	6	8	4			3		
7	1			5				3
					7	4		
				9			8	1

210

	2	6			5		4	9
7					6	8	1	
1			3				6	
		2		5				
			9	2	3			
				1		3		
	9				8			7
	4	1	7					8
6	7		5			2	3	

211

3								
	2	6				7	3	4
	4	8		3		5		
								3
		9		1	3		2	5
				6	4		9	
	8	4						7
	9			4	1		8	
	5		9	8		1		6

212

					7	1		9
		8	9		6			
	9			2				4
	7		2					1
		1			4		9	5
9	3			6				
1						8	2	
					1	4		
6			4	8	5			7

213

5		6	4			7		8
		7			6			
4	8	2			3		6	
7			5					9
				8		5		4
	4	5				6		
8				2	7			
		9					2	
6			3	9				

214

	2						9	1
	6		5					3
1		7						
			2					
2	9		6					
6				7	9		4	
	8					9		
		4		2			7	5
			3	4		8		

215

	3	9	7	2		1		
	8			4	6			7
							3	5
5			2			3	7	
				1				
	9	2			3			4
9	7							
2			9	6			8	
		1		5	2	7	9	

216

2	1				9			
							7	6
	5	3		2				
			3		8			9
	3			6			5	
5			4		7			
				8		7	1	
4	7							
			7				2	8

217

				8			2	
	9				2		1	
2		4			5			8
9				6		3	5	
8			9			7	6	4
4				3		1	8	
5		1			8			6
	4				9		7	
				1			4	

218

							4	3
	8	6	4					9
4			7					
5			8		3			
9								
		2			1	6	8	
			9				2	
6							5	
	9			8	2	1		

219

	9			5				3
		8			1	5		9
		6	9	8		1		4
						9		6
				2				
5		3						
3		1		9	2	7		
9		4	1			3		
2				4			9	

220

8					6	3	5	2
				4	8	6	1	
			5		3			
2		8			1			7
				9				
1			3			5		6
			4		2			
	6	5	1	8				
9	4	2	7					8

221

	6						9	
	2			5				8
5					9			
	7			4		8		
		8	5		6		3	
				7				
4		6		8				
					7		8	1
7		5				3		

222

5			1	8		4		
	7						8	
		2					3	1
9				2				6
2			8		3		1	
				4			2	8
4						7		
	8	7		5	9		6	
		5	7		4			

223

	5	1						3
			1	9	2	5		
				3			1	
	4	3	6				9	
	7	8		5		4	2	
9					8		3	
1				4	7			9
	9			1	6			7
		4	5					

224

					4		3	7
					6			2
		6	8					
		7	1				2	5
5	4							
					2	3		
4					8	1		
2	6			4				
	8	9		1				

225

				3	4			
8		1		7	2	4		6
		2			1			
6		9					3	
4		8		6		5		9
	5					7		1
			7			6		
3		5	8	4		1		2
			2	5				

226

4				5				
		3	9		4			
6	5	7		8				9
							3	
8				9				5
	2							
9				3		5	4	6
			4		2	9		
				7				8

227

2			6					
			2	1		9	3	
					8		1	
		1				4		
		3		8			5	
	9	5	3				2	8
			5	3	6			
	8		9					
3								6

228

5				8			6	1
		7			9	5		
	3	1	4					
		2						
3				1	5	7	9	8
	9			3	4			
	1			7			4	
9				4		3		5
4				9			7	2

229

		9	7					
	7		1		2		4	
	2			4			1	7
	6				5	7		
3		4	8			6	5	
	5				4	8		
	3			7			2	6
	9		4		6		8	
		5	2					

230

3	4						1	9
		5		4	2	6		
6				8		2		7
5			6	9	3			4
1		4		7				3
		9	4	3		8		
4	5						9	1

231

5								2
	3			6		5		
		4	1					
		5			9		1	
	8			5	6			
			8	1				7
	7					8		
			4					1
3					2		9	4

232

9		1			2			
7			9	1	8	5		
		3				1		
			4				1	5
2	5			8			6	9
1	7				6			
		5				3		
		6	8	3	5			1
			6			9		8

233

		3	4	8	2		7	
						1		3
				3	1		8	
		9				7		1
1	5			9		3		8
	6	7	8					2
	7		1		3			4
		8	6	4				
2				5				

234

2		3		5			9	
8			2	1		5	6	
		5	9			8		
	2							
3			1		4	9	7	
	7							
		7	4			3		
4			5	6		7	8	
6		2		8			1	

235

7				6	8	2		
		9						1
	8	6			3			7
			9			8		
4					7	5		
8		7		3				
9			3	5				
							4	
	4	1						6

236

9	6				2		5	7
	7						9	
	4			5		2		
	5	6						4
3	9			1			2	8
8						6	7	
		1		7			8	
	3						4	
6	8		9				1	2

237

2		7		1			4	
		8						2
			9			5	1	
4		1	2	5		3		
3				4				1
		5		3	1	9		4
	3	2			6			
8						4		
	9			8		2		3

238

4			3		6	7		
	7	1						3
	3						4	
1				5				
			7		1		9	8
2				9	3			5
9						5		6
		8		3			1	
	2			1	9	8		

239

3			2	4				
								7
		2		7		1		
7						5	6	
1		6		3				
					4		3	
		4	9			2		
			3		5		7	4
	8						5	6

240

	4		2			9	6	5
				7				2
	2		5			7	1	
2	7				9			
		3			7		9	
5	8				6			
	3		6			8	4	
				1				3
	1		4			2	7	9

241

8				5				4
5			4	7	3			8
1		3		2		8		7
6	7			1			5	2
		4				3		
7			2	8	5			1
3	2		7		9		8	5

242

2							3	5
8		9						
			6		4	9		
6			3		8		4	
				6				
	8		4		7			2
		2	9		5			
						5		3
1	9							8

243

								6
	6	2	1			9		3
9					6	5		1
7		1	6					
	2		4	1			6	7
6		8	5					
8					5	3		4
	5	4	3			7		8
								9

244

					6			8
	4	7			2		6	
	5	6		8	4	2	9	
							4	1
		4						
1	2	8			7			3
		5				6		
	6	3	2				8	9
2			9		5		7	

245

	8			9				
5	3			4			7	
					1		2	9
							8	6
8	4							
		3			4	1		
					6			2
	9	2	4					
		8	1			5		

246

8		5	2	1				
					6		3	5
7			9			8		
		8	5		3	4		
					4	9		3
		1	6		9	5		
5			3			1		
					1		9	6
1		3	4	6				

247

3		4					1	
			7		3	6		
		9			8		3	
				3			7	9
9		2		4		1		3
7	6			5				
	3		5			4		
		5	1		4			
	4					7		8

248

		6		5	7			2
		1	3			7		
	3	5					1	
4	2	3						5
								7
			6				4	
					8	3	6	1
					2	8		
8					1			

249

				9			1	
			2			4	8	6
	6	7			4		2	
		4			5			3
			3	2	9			
3			8			2		
	8		7			1	5	
6	5	2			1			
	3			5				

250

					9			
		2	1	7				4
4	9			6	2		1	
	6	1			4			3
3				5				8
7			8			4	9	
	7		2	8			6	1
5				4	7	2		
			6					

251

	8			9			3	
	6		8		2		7	
1				6				4
4				8				9
			4		6			
5		6		7		4		8
6		5	7		1	9		2
	1						4	
8				5				7

252

					7		8	2
		3		1				
6					3	4		
1			8			7	3	
				9				
	2	5			6			1
		2	1					6
				6		9		
3	4		5					

253

	5							
		3	8		6		9	5
9		6		3				
	9		5		8	1		
6		4		1		7		3
		1	3		7		6	
				5		8		4
1	3		9		4	5		
							1	

254

				8		1		5
3					6	9		
		9	7				4	3
		1		4			6	
9					1			8
			2			3		
		7			3	8		
	1							
8				6			2	

255

8	4				2			3
7		5						6
	9	6				8		
			1			5		
					5		6	7
6				9			3	
		7	3			4		2
				5	1			
2	1			4		3		5

256

8	4							
	3					6		
6				3	7	5		4
9				7				1
		4	5		8		7	
		3		4			8	5
5	1	6						
				8	1			
8		7	9		3			

257

		4		3		5	7	
	9		4		5		3	
			1					
8		5			4		2	
	6			1	8		4	5
2		9			6		8	
			6					
	5		8		1		6	
		6		2		8	5	

258

6					1			8
	1			7		6		
			5	3				7
		1						
	7	3				8		
5								4
	3			5			9	
						1	8	6
7		2			8		3	

259

		3	6	4				
	4	7						8
9		1	5		3			
	3		9					
	9	8	3	6	2	4	7	
					4		9	
			1		8	5		3
2						7	1	
				5	9	8		

260

	9			4				
8			6	9	1			
4		2						3
			5	4		7		
7	5			3			4	1
	3		1	8				
2						5		4
			7	1	9			2
				2			3	

261

6				3	7			1
					8		4	
			5	6	9			
		1				2	8	3
				6		5		7
	8							
	7	3			2			
5		9	1					
	2							9

262

4	6		8			2		
2			4		3		8	
				2		4		
3	2		6			1		8
		6					4	9
	7							2
1		3	7					
	4			8			5	
			2	9	4			

263

	3					2		7
2						4	9	
1				8			3	5
7		5		4				
		3	1		7	5		
	1		2	6				
4	8			7	9			
		1	8					4
		2			3	8	7	

264

4	9							
6	2				9	5		
			8	4				
		3						1
		5		9	8	6		
	6			1			8	4
	1			3				
					7			9
			6		2		3	

265

	5					3		
	2			6	3			5
	3		7	2			1	
9			5	4				2
	6			8			5	
5				7	6			9
	7			5	2		9	
1			6	3			8	
		6					7	

266

					4	1		
	1	8		3				
		7				2		9
9					5			3
	4						7	
	6	1						
2			1			7	4	
			6	5			1	
		5			8			

267

4	8						9	5
5		3				6		1
9	1			3			4	8
1			2		8			3
2			3		1			7
		8				5		
		9	4	8	2	1		
				6				
			5		9			

268

9	1			8		4		
3					1	5		6
		4						
				6	3			2
7			4	5			8	
	6		1			3	9	
6	7				8	1		
				3	4			
	2		7					3

269

		2	3			6		9
		3	4					
	9	7			8	5	4	
						3		4
	3	5		9		8	1	
2		1						
	1	8	5			2	9	
					7	1		
5		9			6	4		

270

	6				4	5		
							2	7
	4	2	3				8	
2	1	4	5	9				8
				1				
5				7	2	3	4	1
	2				7	8	1	
8	7							
		9	6				3	

271

7	2		3					
				7				3
		3		1	5	6	8	
		5	7				1	
	6			4			5	
	4				1	3		
	1	2	4	8		9		
8				6				
					2		6	4

272

1								2
							5	
9	5		7	1	2			
			9	2		6		
8		2		4	6	3		
6		3	5		8	9		
			6	5				
3						4		
2	4		8	3		5		1

273

4		9		7				1
8	3		6			2	7	
	7							3
9			5					
2			9	1	7			5
					8			6
7							3	
	1	5			2		6	4
6				4		8		7

274

5								3
						6	8	
6			9			7	1	
	3		1		2			
7	9							
		5			4	9		
			8					
2				7	1			
9	8			3		5		2

275

4			2				5	8
	5							2
				1				
2					9			
		9				3		
			7		6	8		
			6	3	4	1		
7						6		5
8	4						3	

276

	3	6				9	8	
			5		3			
6		4	2	7	8	3		9
		8	3		1	5		
7			6		9			4
1								7
	7	9				1	3	
3	6						5	8

277

	2	1	8		7			4
		7					5	8
6	8	3						
	5			2	4	8		
				5				
		2	6	8			1	
						2	3	7
2	3					9		
4			3		2	5	8	

278

2								5
8		9				2	7	
		3			4			1
			3	5				
		4		6		8		
				9	7			
3			9			7		
	7	8				5		3
1								8

279

		2					9	
	9		2	1				
5			7		8	6		
	3	8				2		
	2			4			6	
		4				1		
		6	3		9			2
7				6			1	
						9		

280

		6					5	
5	8							3
1	7			3	4			8
4	1		3	5				
2				4				7
				2	9		4	1
3			1	7			8	5
6							1	4
	5					7		

281

2	9			7			8	
			8	2		9		
	8		3		9			1
3					7			8
				9				
9			6					7
5			2		3		1	
		2		6	4			
	7			5			3	6

282

	6				1			3
4		3	6	2		8		7
	8	2		9				
	2		1				3	
	4	9		7			1	6
1					2		4	
	9							
			3	1	9			
2	3			6				1

283

	7	9		1		8		
				9		4		5
		6		2				1
8			5					2
			9	6	1	5	7	
6			7					9
		8		5				3
				4		1		7
	6	3		7		9		

284

		1		9			6	4
		2	4	3				
	5		8				9	
4			6				8	
	1	6		8		4	5	
	8				4			9
	4				9		3	
				4	3	8		
6	3			5		9		

285

4		8	1	3	5	2		7
			2		4			
2	3		6		8		9	5
8								1
5			4		2			6
		3				8		
3				4				9
	6	4		5		1	7	

286

7			8		4	3		
	4		3	6		9		
8					1	4		
	1						9	
5		4				8	6	3
	7						4	
1					7	6		
	3		2	1		7		
9			5		3	1		

287

1		9	3	7				
	3		4					
5		7	9					1
2	5	4	1					8
9				2			1	
						9		5
					7	1		
				3			8	4
		2	5		9		3	

288

		5		4	6			
			1		9		7	4
		1				2		9
1	5				2			6
			6	3	8			
6			5				3	2
3		9				7		
7	2		3		1			
			2	6		4		

289

6		9					3	5
7	5					6		
		2		8	5	1		
9			3				7	
	7			9			6	
	6				8			2
		7	9	5		3		
		5					8	6
1	2					7		9

290

			8	4			9	1
		1	7			6		
	7					5		
4	6		1	8		2		
7			2	9	6			3
				7		9	6	
	4		6		7			
6		5			8		2	
2				1				

291

8		5			1			6
4			7				8	
						4		
7		2			9			4
9	3	1		6				
	4						9	
	5			7	3			1
	8	9	6	1				
6				8	5		2	9

292

	4							
6	3		5			7	8	
				8	9			
	2							
		7		4			1	9
		3			2			5
	5					9		
	8			2				3
				6	3		4	

293

		5		3		6		
6			1					5
			6			3		
		7		4	1		2	
9	6	3	5		7		4	1
		4		6	8		5	
			8			5		
5			4					2
		9		5		4		

294

1			5			4	7	
	6	8						
	7			8		1		3
2				9	3			1
		6	4	2	1	3		
			7	5				
8		5		1			3	
6						8		4
		1	2				9	

295

	1			7			5	
3	8		5		1		9	4
9		3	1		4	7		6
4			2	8	6			5
		9				5		
	3		8		5		1	
1	5			3			6	7

296

		5			7		6	
6							7	3
7			8	6	1			
8	5			2				
		7	9	4	8	6		
				5			1	4
			6	7	4			9
4	8							6
	7		2			5		

297

			3		7			
2		6	1	8	5	7		9
		7		4		1		
4	8	2				5	9	3
	9	3				2	7	
	5		6	1	3		2	
7			8		9			1

298

6			8	7			2	
	3		4	9		7		
						9		
7	9		1		2			
2	8					3	4	
			9		4		7	
	5	6		1			8	
4				5	9	2		
								5

299

6		8	2		4		9	
	4				6	2	1	
7		3				8		4
2								
								1
1	9				8	3	2	
	8	2			9	1		
3	5				2			9
		6		1			4	

300

			1					2
			5			4		7
2		4				5	9	8
			4	1	5	7		
		6		2		3		
		1	7	6	3			
3	9	2				1		5
5		8			1			
1					4			

ANSWERS

1

9	4	8	5	7	6	3	1	2
2	3	7	8	9	1	6	4	5
1	5	6	3	4	2	9	8	7
8	2	1	4	6	9	5	7	3
4	7	5	2	8	3	1	6	9
6	9	3	7	1	5	8	2	4
3	1	9	6	2	4	7	5	8
5	8	2	1	3	7	4	9	6
7	6	4	9	5	8	2	3	1

2

1	7	2	9	3	8	6	5	4
4	8	5	6	1	7	2	3	9
6	9	3	5	4	2	8	7	1
2	3	8	1	6	9	7	4	5
9	4	1	7	8	5	3	2	6
5	6	7	4	2	3	1	9	8
7	2	4	8	5	6	9	1	3
8	1	9	3	7	4	5	6	2
3	5	6	2	9	1	4	8	7

3

4	2	1	3	6	8	5	9	7
7	8	6	2	5	9	3	4	1
9	3	5	4	1	7	6	2	8
8	5	9	1	2	3	4	7	6
6	1	4	7	9	5	2	8	3
3	7	2	8	4	6	1	5	9
5	9	7	6	3	2	8	1	4
1	6	8	5	7	4	9	3	2
2	4	3	9	8	1	7	6	5

4

1	3	8	9	6	7	5	4	2
6	4	9	2	5	1	3	7	8
5	2	7	4	8	3	9	6	1
8	7	4	3	1	2	6	9	5
3	5	6	7	9	8	1	2	4
2	9	1	5	4	6	8	3	7
9	8	2	1	3	4	7	5	6
7	1	3	6	2	5	4	8	9
4	6	5	8	7	9	2	1	3

5

9	5	1	3	7	8	2	4	6
8	7	4	1	2	6	3	5	9
6	3	2	9	4	5	8	1	7
4	6	3	8	9	7	1	2	5
1	2	7	5	6	4	9	8	3
5	8	9	2	3	1	7	6	4
7	9	6	4	8	2	5	3	1
2	4	5	7	1	3	6	9	8
3	1	8	6	5	9	4	7	2

6

8	5	7	3	2	1	6	4	9
4	6	1	5	7	9	8	3	2
3	2	9	4	8	6	7	5	1
1	4	3	8	6	5	9	2	7
6	9	2	7	1	4	5	8	3
7	8	5	2	9	3	1	6	4
5	1	6	9	4	2	3	7	8
2	3	8	1	5	7	4	9	6
9	7	4	6	3	8	2	1	5

7

6	9	5	3	7	1	2	4	8
4	8	3	5	2	6	9	7	1
7	1	2	8	9	4	6	3	5
8	3	6	1	4	7	5	2	9
2	7	9	6	3	5	1	8	4
1	5	4	9	8	2	3	6	7
5	4	1	2	6	8	7	9	3
9	2	8	7	5	3	4	1	6
3	6	7	4	1	9	8	5	2

8

1	8	4	6	2	5	9	3	7
3	9	5	7	4	8	6	2	1
7	2	6	3	1	9	4	5	8
8	4	7	9	5	2	1	6	3
6	5	1	4	3	7	8	9	2
9	3	2	8	6	1	7	4	5
2	7	9	5	8	6	3	1	4
4	1	8	2	9	3	5	7	6
5	6	3	1	7	4	2	8	9

9

9	4	6	2	3	7	8	5	1
5	3	1	6	9	8	4	7	2
2	8	7	4	5	1	3	9	6
1	7	4	9	8	3	2	6	5
8	2	5	1	4	6	7	3	9
3	6	9	5	7	2	1	4	8
7	5	3	8	2	9	6	1	4
4	1	8	3	6	5	9	2	7
6	9	2	7	1	4	5	8	3

10

1	2	5	9	3	8	6	4	7
6	8	4	5	7	2	3	1	9
7	3	9	1	6	4	2	8	5
4	9	3	6	8	1	7	5	2
8	7	2	4	9	5	1	3	6
5	6	1	7	2	3	8	9	4
9	1	6	3	5	7	4	2	8
3	5	8	2	4	6	9	7	1
2	4	7	8	1	9	5	6	3

11

7	3	2	5	1	8	4	6	9
4	5	9	3	6	2	7	8	1
6	1	8	9	4	7	2	3	5
2	6	3	4	9	1	8	5	7
9	7	5	6	8	3	1	2	4
8	4	1	2	7	5	3	9	6
1	2	6	8	5	4	9	7	3
3	9	7	1	2	6	5	4	8
5	8	4	7	3	9	6	1	2

12

7	8	5	2	6	9	4	3	1
3	1	2	7	4	8	9	5	6
6	9	4	5	1	3	8	2	7
4	5	8	3	2	7	1	6	9
2	6	1	8	9	4	5	7	3
9	3	7	6	5	1	2	4	8
1	4	6	9	7	5	3	8	2
8	7	9	4	3	2	6	1	5
5	2	3	1	8	6	7	9	4

13

4	5	3	2	9	6	7	1	8
1	9	7	8	3	4	5	6	2
2	8	6	1	7	5	9	4	3
9	3	1	4	6	2	8	5	7
6	7	5	3	8	9	4	2	1
8	2	4	7	5	1	3	9	6
5	1	8	6	4	3	2	7	9
3	6	9	5	2	7	1	8	4
7	4	2	9	1	8	6	3	5

14

1	3	8	9	6	7	5	4	2
6	4	9	2	5	1	3	7	8
5	2	7	4	8	3	9	6	1
8	7	4	3	1	2	6	9	5
3	5	6	7	9	8	1	2	4
2	9	1	5	4	6	8	3	7
9	8	2	1	3	4	7	5	6
7	1	3	6	2	5	4	8	9
4	6	5	8	7	9	2	1	3

15

5	6	4	2	7	1	8	9	3
7	9	3	6	8	5	1	2	4
2	1	8	9	3	4	6	7	5
6	3	5	8	4	2	7	1	9
1	7	2	5	9	6	4	3	8
8	4	9	7	1	3	5	6	2
3	8	6	4	2	7	9	5	1
9	5	1	3	6	8	2	4	7
4	2	7	1	5	9	3	8	6

16

7	5	4	2	3	6	9	8	1
9	6	8	7	4	1	2	3	5
3	1	2	5	8	9	7	6	4
4	2	9	3	6	8	5	1	7
5	3	1	9	7	2	6	4	8
8	7	6	1	5	4	3	2	9
6	8	5	4	2	7	1	9	3
2	9	3	8	1	5	4	7	6
1	4	7	6	9	3	8	5	2

17

7	5	8	4	9	3	6	1	2
6	1	9	2	7	5	4	8	3
4	2	3	6	8	1	5	7	9
1	7	2	9	6	8	3	4	5
9	3	5	7	1	4	8	2	6
8	6	4	3	5	2	7	9	1
2	8	6	1	3	7	9	5	4
5	9	1	8	4	6	2	3	7
3	4	7	5	2	9	1	6	8

18

5	1	8	9	4	3	2	7	6
6	9	2	8	7	5	4	3	1
3	7	4	2	1	6	8	5	9
9	4	7	6	2	8	3	1	5
1	2	3	5	9	7	6	8	4
8	6	5	4	3	1	9	2	7
2	5	6	7	8	4	1	9	3
4	8	1	3	5	9	7	6	2
7	3	9	1	6	2	5	4	8

19

7	5	3	4	9	1	6	2	8
2	4	8	6	7	3	1	9	5
6	1	9	2	5	8	7	3	4
9	8	4	5	3	7	2	1	6
5	2	6	1	4	9	8	7	3
1	3	7	8	6	2	4	5	9
4	6	2	9	1	5	3	8	7
3	9	1	7	8	4	5	6	2
8	7	5	3	2	6	9	4	1

20

7	9	8	1	2	3	5	4	6
1	4	6	7	9	5	3	8	2
3	5	2	6	8	4	9	1	7
4	3	1	2	6	9	7	5	8
8	6	9	5	7	1	2	3	4
5	2	7	4	3	8	6	9	1
9	7	3	8	4	6	1	2	5
2	8	5	9	1	7	4	6	3
6	1	4	3	5	2	8	7	9

21

8	7	9	5	6	3	2	1	4
5	4	1	8	7	2	3	6	9
6	2	3	4	9	1	7	5	8
9	6	2	7	5	8	4	3	1
4	1	7	3	2	9	5	8	6
3	5	8	1	4	6	9	2	7
7	3	6	2	8	4	1	9	5
1	8	4	9	3	5	6	7	2
2	9	5	6	1	7	8	4	3

22

4	9	1	6	5	7	3	8	2
2	8	3	9	1	4	6	5	7
6	5	7	2	8	3	4	1	9
1	6	9	8	2	5	7	3	4
8	3	4	7	9	1	2	6	5
7	2	5	3	4	6	8	9	1
9	7	2	1	3	8	5	4	6
5	1	8	4	6	2	9	7	3
3	4	6	5	7	9	1	2	8

23

9	8	4	1	6	5	3	7	2
3	7	2	4	8	9	6	1	5
6	1	5	2	3	7	8	4	9
4	2	1	9	7	3	5	8	6
5	3	8	6	4	1	2	9	7
7	9	6	5	2	8	1	3	4
2	6	9	8	1	4	7	5	3
8	5	7	3	9	2	4	6	1
1	4	3	7	5	6	9	2	8

24

8	6	7	3	2	4	1	5	9
9	4	1	7	5	6	8	2	3
3	2	5	8	9	1	4	6	7
5	1	6	9	8	7	2	3	4
2	8	4	6	1	3	9	7	5
7	3	9	5	4	2	6	8	1
6	5	2	4	3	9	7	1	8
1	9	8	2	7	5	3	4	6
4	7	3	1	6	8	5	9	2

25

4	2	6	7	3	8	9	5	1
1	7	9	4	6	5	2	8	3
3	8	5	9	2	1	6	4	7
9	5	8	2	1	4	7	3	6
6	3	4	8	9	7	1	2	5
2	1	7	6	5	3	8	9	4
7	4	1	3	8	9	5	6	2
8	6	3	5	7	2	4	1	9
5	9	2	1	4	6	3	7	8

26

3	4	2	5	1	7	8	6	9
1	7	9	3	6	8	4	5	2
8	6	5	4	2	9	7	3	1
6	2	3	7	8	5	1	9	4
4	8	1	6	9	2	5	7	3
9	5	7	1	3	4	2	8	6
5	3	4	2	7	6	9	1	8
2	9	6	8	5	1	3	4	7
7	1	8	9	4	3	6	2	5

27

4	1	8	2	9	3	6	5	7
9	6	7	1	5	4	2	3	8
2	3	5	6	7	8	4	9	1
8	4	9	5	6	2	7	1	3
7	5	3	4	1	9	8	2	6
6	2	1	3	8	7	5	4	9
3	9	2	7	4	6	1	8	5
5	8	6	9	2	1	3	7	4
1	7	4	8	3	5	9	6	2

28

4	1	7	9	3	2	6	5	8
2	5	6	1	8	7	3	4	9
3	8	9	5	4	6	7	1	2
6	3	2	4	7	8	1	9	5
1	9	8	3	6	5	2	7	4
5	7	4	2	1	9	8	3	6
7	6	3	8	5	4	9	2	1
9	4	1	6	2	3	5	8	7
8	2	5	7	9	1	4	6	3

29

8	6	7	9	4	1	3	5	2
5	2	3	8	6	7	9	4	1
4	9	1	3	5	2	6	7	8
2	4	6	5	8	3	1	9	7
1	8	9	7	2	6	4	3	5
7	3	5	4	1	9	2	8	6
6	7	4	2	3	8	5	1	9
3	1	8	6	9	5	7	2	4
9	5	2	1	7	4	8	6	3

30

6	9	7	8	2	3	4	1	5
5	8	3	1	4	7	2	6	9
4	1	2	6	9	5	3	8	7
8	6	5	4	1	9	7	3	2
3	2	1	7	5	6	9	4	8
7	4	9	3	8	2	6	5	1
1	7	8	2	3	4	5	9	6
9	3	6	5	7	8	1	2	4
2	5	4	9	6	1	8	7	3

31

8	7	2	3	4	1	5	9	6
4	3	6	5	2	9	8	1	7
9	5	1	7	8	6	3	2	4
3	2	9	8	7	5	6	4	1
1	4	5	9	6	2	7	8	3
7	6	8	4	1	3	9	5	2
2	1	3	6	9	8	4	7	5
5	8	4	2	3	7	1	6	9
6	9	7	1	5	4	2	3	8

32

2	7	3	1	6	5	8	9	4
1	6	4	7	9	8	2	3	5
5	8	9	3	2	4	1	7	6
9	2	6	4	7	3	5	1	8
8	3	1	6	5	2	9	4	7
7	4	5	8	1	9	6	2	3
6	5	7	9	4	1	3	8	2
3	9	2	5	8	7	4	6	1
4	1	8	2	3	6	7	5	9

33

4	8	1	3	6	2	7	9	5
5	6	3	9	7	8	4	2	1
7	2	9	1	4	5	3	8	6
9	3	4	2	5	1	6	7	8
2	5	6	7	8	3	1	4	9
8	1	7	6	9	4	5	3	2
1	7	2	5	3	9	8	6	4
6	9	8	4	1	7	2	5	3
3	4	5	8	2	6	9	1	7

34

3	1	7	9	8	4	6	5	2
4	5	8	6	2	1	3	9	7
6	9	2	5	3	7	8	4	1
5	8	1	2	9	3	7	6	4
2	7	4	1	6	8	5	3	9
9	6	3	4	7	5	1	2	8
8	3	5	7	4	2	9	1	6
1	4	6	8	5	9	2	7	3
7	2	9	3	1	6	4	8	5

35

2	7	5	6	1	4	9	8	3
1	8	3	5	9	2	7	6	4
9	4	6	3	8	7	1	2	5
6	5	9	4	2	8	3	1	7
8	3	7	9	5	1	2	4	6
4	2	1	7	3	6	5	9	8
3	9	2	8	4	5	6	7	1
7	1	8	2	6	3	4	5	9
5	6	4	1	7	9	8	3	2

36

4	1	6	5	3	8	2	7	9
2	8	7	6	1	9	3	4	5
9	5	3	7	4	2	6	8	1
7	9	8	1	5	6	4	3	2
3	4	2	9	8	7	5	1	6
1	6	5	4	2	3	8	9	7
5	2	1	8	9	4	7	6	3
6	3	4	2	7	1	9	5	8
8	7	9	3	6	5	1	2	4

37

4	9	5	1	7	3	2	6	8
6	8	2	9	5	4	7	3	1
1	7	3	6	8	2	5	9	4
3	2	6	5	4	7	8	1	9
9	1	8	2	3	6	4	7	5
7	5	4	8	9	1	3	2	6
5	3	1	4	2	9	6	8	7
8	6	7	3	1	5	9	4	2
2	4	9	7	6	8	1	5	3

38

8	7	4	1	9	2	5	6	3
1	5	6	3	7	8	9	2	4
2	9	3	5	6	4	7	1	8
5	8	7	2	1	3	6	4	9
6	2	9	4	8	7	3	5	1
4	3	1	6	5	9	8	7	2
3	1	5	9	4	6	2	8	7
7	6	2	8	3	1	4	9	5
9	4	8	7	2	5	1	3	6

39

2	6	7	5	1	4	3	9	8
5	8	9	6	3	7	1	4	2
4	3	1	8	9	2	6	5	7
7	1	8	2	6	9	5	3	4
3	2	4	1	8	5	9	7	6
9	5	6	4	7	3	8	2	1
8	7	3	9	4	6	2	1	5
1	4	5	3	2	8	7	6	9
6	9	2	7	5	1	4	8	3

40

4	5	7	1	9	2	8	6	3
3	8	9	4	6	7	1	5	2
1	6	2	5	8	3	4	7	9
8	4	6	3	7	5	9	2	1
5	9	3	6	2	1	7	8	4
2	7	1	8	4	9	6	3	5
6	1	8	2	3	4	5	9	7
7	3	5	9	1	6	2	4	8
9	2	4	7	5	8	3	1	6

41

2	4	7	9	3	6	5	8	1
1	6	9	5	2	8	7	3	4
5	3	8	4	1	7	6	9	2
4	5	3	1	8	9	2	6	7
6	8	2	7	4	3	9	1	5
7	9	1	6	5	2	3	4	8
8	2	5	3	9	1	4	7	6
3	7	4	8	6	5	1	2	9
9	1	6	2	7	4	8	5	3

42

4	6	5	2	1	8	3	7	9
8	9	7	4	6	3	1	5	2
3	1	2	7	5	9	6	4	8
7	2	6	3	4	1	9	8	5
5	4	1	8	9	6	2	3	7
9	8	3	5	2	7	4	6	1
2	5	9	6	7	4	8	1	3
6	7	8	1	3	2	5	9	4
1	3	4	9	8	5	7	2	6

43

3	1	6	5	2	4	7	9	8
2	8	7	9	6	3	5	1	4
5	9	4	8	7	1	6	2	3
6	4	8	1	9	7	2	3	5
1	2	5	4	3	8	9	7	6
7	3	9	2	5	6	4	8	1
8	7	2	3	4	5	1	6	9
9	5	3	6	1	2	8	4	7
4	6	1	7	8	9	3	5	2

44

7	3	1	8	2	4	9	6	5
8	4	5	9	3	6	1	2	7
9	6	2	1	5	7	3	4	8
4	9	7	6	8	5	2	3	1
1	2	8	4	9	3	5	7	6
6	5	3	2	7	1	8	9	4
2	1	6	3	4	8	7	5	9
5	8	9	7	6	2	4	1	3
3	7	4	5	1	9	6	8	2

45

4	2	9	3	5	8	7	6	1
6	1	8	4	9	7	2	3	5
5	7	3	6	2	1	4	8	9
1	8	4	2	7	9	3	5	6
3	5	7	8	6	4	9	1	2
9	6	2	5	1	3	8	7	4
8	9	1	7	4	5	6	2	3
2	3	5	9	8	6	1	4	7
7	4	6	1	3	2	5	9	8

46

2	9	7	1	6	8	4	5	3
8	3	4	9	7	5	1	6	2
6	1	5	4	3	2	9	7	8
1	6	3	7	9	4	2	8	5
5	8	9	2	1	6	7	3	4
4	7	2	8	5	3	6	9	1
3	5	1	6	4	9	8	2	7
7	2	6	3	8	1	5	4	9
9	4	8	5	2	7	3	1	6

47

2	5	4	6	1	3	9	7	8
6	9	7	2	8	5	3	1	4
1	8	3	4	9	7	6	5	2
4	1	8	3	7	6	2	9	5
9	6	2	1	5	4	8	3	7
3	7	5	9	2	8	4	6	1
5	4	9	8	6	1	7	2	3
7	3	6	5	4	2	1	8	9
8	2	1	7	3	9	5	4	6

48

6	5	2	1	4	7	3	8	9
8	9	1	5	3	2	7	4	6
7	3	4	8	6	9	1	2	5
5	6	7	4	8	1	9	3	2
2	8	9	3	7	5	6	1	4
1	4	3	2	9	6	5	7	8
9	2	5	7	1	8	4	6	3
4	1	6	9	2	3	8	5	7
3	7	8	6	5	4	2	9	1

49

3	4	6	1	7	5	9	8	2
8	1	9	6	4	2	7	5	3
5	2	7	3	8	9	1	6	4
2	3	4	5	1	6	8	9	7
6	7	5	9	3	8	2	4	1
9	8	1	7	2	4	5	3	6
4	6	2	8	9	7	3	1	5
1	5	8	2	6	3	4	7	9
7	9	3	4	5	1	6	2	8

50

5	8	9	6	1	7	4	3	2
4	3	7	8	2	9	5	1	6
6	1	2	3	4	5	7	8	9
1	9	5	4	8	3	6	2	7
2	7	4	9	6	1	8	5	3
8	6	3	7	5	2	9	4	1
7	2	8	5	3	6	1	9	4
9	4	1	2	7	8	3	6	5
3	5	6	1	9	4	2	7	8

51

5	8	3	6	7	1	4	2	9
4	7	9	5	2	3	6	8	1
2	6	1	4	8	9	5	3	7
6	3	4	7	5	8	9	1	2
8	1	7	9	4	2	3	6	5
9	2	5	1	3	6	8	7	4
1	5	6	8	9	7	2	4	3
3	9	8	2	1	4	7	5	6
7	4	2	3	6	5	1	9	8

52

1	3	2	4	6	9	5	8	7
6	8	7	3	2	5	1	4	9
5	4	9	8	1	7	3	6	2
8	2	6	1	9	4	7	5	3
3	9	5	7	8	6	2	1	4
7	1	4	5	3	2	8	9	6
2	6	3	9	5	1	4	7	8
9	7	1	2	4	8	6	3	5
4	5	8	6	7	3	9	2	1

53

2	3	7	9	5	1	4	6	8
4	5	6	3	7	8	2	1	9
9	8	1	2	4	6	7	5	3
6	9	8	4	1	2	3	7	5
1	7	4	6	3	5	9	8	2
5	2	3	8	9	7	6	4	1
8	4	9	1	6	3	5	2	7
3	1	5	7	2	4	8	9	6
7	6	2	5	8	9	1	3	4

54

9	7	1	6	4	3	5	8	2
4	6	5	1	2	8	3	9	7
2	3	8	5	9	7	6	4	1
5	2	9	7	8	1	4	3	6
8	4	3	2	6	5	1	7	9
6	1	7	9	3	4	2	5	8
7	8	6	4	5	2	9	1	3
3	9	4	8	1	6	7	2	5
1	5	2	3	7	9	8	6	4

55

6	3	1	2	8	7	4	5	9
5	4	9	6	3	1	2	8	7
2	8	7	9	5	4	6	1	3
8	7	2	3	1	5	9	6	4
9	1	4	8	7	6	3	2	5
3	5	6	4	2	9	1	7	8
1	9	5	7	6	3	8	4	2
4	6	8	5	9	2	7	3	1
7	2	3	1	4	8	5	9	6

56

2	5	8	6	4	3	7	1	9
1	7	9	5	2	8	6	3	4
3	6	4	1	7	9	5	2	8
7	8	2	3	1	6	4	9	5
9	4	3	7	5	2	8	6	1
6	1	5	9	8	4	3	7	2
4	9	1	8	6	7	2	5	3
5	2	6	4	3	1	9	8	7
8	3	7	2	9	5	1	4	6

57

7	3	1	8	2	4	9	6	5
8	4	5	9	3	6	1	2	7
9	6	2	1	5	7	3	4	8
4	9	7	6	8	5	2	3	1
1	2	8	4	9	3	5	7	6
6	5	3	2	7	1	8	9	4
2	1	6	3	4	8	7	5	9
5	8	9	7	6	2	4	1	3
3	7	4	5	1	9	6	8	2

58

1	8	6	3	5	9	4	7	2
7	4	5	8	2	1	9	6	3
3	9	2	6	4	7	8	5	1
5	6	1	7	3	8	2	4	9
9	2	4	1	6	5	7	3	8
8	3	7	2	9	4	5	1	6
4	5	3	9	8	6	1	2	7
2	7	9	4	1	3	6	8	5
6	1	8	5	7	2	3	9	4

59

9	8	5	2	1	6	4	7	3
2	3	1	5	4	7	6	8	9
7	6	4	9	8	3	5	2	1
6	1	7	8	9	5	3	4	2
8	2	3	4	6	1	7	9	5
5	4	9	7	3	2	8	1	6
1	5	8	6	2	4	9	3	7
4	7	2	3	5	9	1	6	8
3	9	6	1	7	8	2	5	4

60

7	2	9	5	1	4	8	6	3
6	3	5	8	9	7	4	1	2
4	8	1	3	6	2	5	7	9
8	7	6	2	4	5	3	9	1
2	1	3	6	8	9	7	4	5
5	9	4	7	3	1	2	8	6
9	4	8	1	2	3	6	5	7
3	6	7	9	5	8	1	2	4
1	5	2	4	7	6	9	3	8

61

2	8	3	6	4	1	9	7	5
6	9	7	2	8	5	4	1	3
5	4	1	9	7	3	8	2	6
7	1	5	8	6	9	3	4	2
3	6	4	1	2	7	5	8	9
8	2	9	3	5	4	7	6	1
1	7	8	5	3	2	6	9	4
9	5	6	4	1	8	2	3	7
4	3	2	7	9	6	1	5	8

62

4	1	5	2	6	3	8	7	9
9	8	3	4	7	1	2	6	5
7	2	6	8	9	5	3	1	4
5	4	1	7	8	6	9	2	3
6	9	7	3	4	2	5	8	1
8	3	2	5	1	9	7	4	6
1	5	9	6	2	7	4	3	8
3	7	4	1	5	8	6	9	2
2	6	8	9	3	4	1	5	7

63

9	2	4	3	7	1	8	6	5
8	6	5	4	2	9	3	7	1
7	1	3	6	8	5	9	2	4
1	7	2	9	4	8	5	3	6
3	8	9	5	6	2	1	4	7
5	4	6	7	1	3	2	8	9
6	5	8	2	9	4	7	1	3
2	3	7	1	5	6	4	9	8
4	9	1	8	3	7	6	5	2

64

7	2	8	3	9	5	4	6	1
5	4	1	2	6	7	8	9	3
3	9	6	8	4	1	2	5	7
8	3	4	7	5	9	1	2	6
9	1	2	6	3	8	5	7	4
6	7	5	4	1	2	3	8	9
1	6	9	5	2	3	7	4	8
4	5	7	1	8	6	9	3	2
2	8	3	9	7	4	6	1	5

65

4	1	9	6	7	2	5	3	8
5	7	8	3	9	4	2	1	6
6	3	2	8	1	5	4	9	7
8	4	6	9	3	7	1	5	2
3	5	7	2	4	1	8	6	9
9	2	1	5	8	6	3	7	4
1	9	3	4	6	8	7	2	5
7	8	5	1	2	9	6	4	3
2	6	4	7	5	3	9	8	1

66

2	4	3	1	8	6	5	7	9
5	7	8	9	4	3	2	6	1
1	6	9	2	5	7	8	3	4
7	9	6	5	2	4	1	8	3
8	2	5	3	9	1	6	4	7
3	1	4	7	6	8	9	5	2
9	3	2	8	7	5	4	1	6
4	5	1	6	3	9	7	2	8
6	8	7	4	1	2	3	9	5

67

8	9	1	5	6	2	7	3	4
4	3	7	8	9	1	6	2	5
5	6	2	7	3	4	9	8	1
7	8	6	4	2	5	3	1	9
1	2	9	3	8	7	5	4	6
3	4	5	6	1	9	8	7	2
6	5	4	2	7	3	1	9	8
2	1	3	9	5	8	4	6	7
9	7	8	1	4	6	2	5	3

68

7	1	8	4	9	2	5	6	3
9	6	3	5	7	1	8	4	2
5	4	2	8	3	6	1	7	9
3	2	4	6	5	7	9	1	8
8	9	6	1	4	3	2	5	7
1	5	7	9	2	8	4	3	6
4	7	9	2	6	5	3	8	1
2	3	1	7	8	4	6	9	5
6	8	5	3	1	9	7	2	4

69

7	1	9	8	3	4	6	5	2
5	6	8	7	2	1	4	3	9
4	2	3	9	5	6	8	7	1
9	8	1	3	4	7	5	2	6
2	4	6	5	1	8	7	9	3
3	5	7	6	9	2	1	8	4
6	9	4	2	7	5	3	1	8
8	7	2	1	6	3	9	4	5
1	3	5	4	8	9	2	6	7

70

3	6	4	2	9	5	1	8	7
5	8	9	6	1	7	4	2	3
2	7	1	4	8	3	5	9	6
8	4	7	3	6	9	2	1	5
1	2	6	5	4	8	3	7	9
9	5	3	7	2	1	6	4	8
7	1	5	8	3	2	9	6	4
6	9	8	1	5	4	7	3	2
4	3	2	9	7	6	8	5	1

71

1	3	5	9	7	2	4	6	8
8	7	6	1	4	5	9	3	2
9	2	4	8	3	6	7	5	1
4	1	8	6	5	7	3	2	9
6	9	3	2	1	8	5	7	4
2	5	7	4	9	3	1	8	6
7	6	9	5	8	1	2	4	3
3	4	2	7	6	9	8	1	5
5	8	1	3	2	4	6	9	7

72

8	1	2	4	7	3	5	9	6
4	9	5	6	1	2	7	8	3
7	3	6	9	8	5	1	2	4
5	4	1	2	6	8	3	7	9
6	2	3	7	5	9	8	4	1
9	8	7	3	4	1	6	5	2
3	5	4	8	9	6	2	1	7
1	6	9	5	2	7	4	3	8
2	7	8	1	3	4	9	6	5

73

5	4	1	6	3	7	8	2	9
9	8	2	5	1	4	3	6	7
3	7	6	2	9	8	4	1	5
4	3	7	9	6	2	5	8	1
2	5	8	7	4	1	9	3	6
6	1	9	8	5	3	2	7	4
1	6	3	4	2	5	7	9	8
8	9	5	3	7	6	1	4	2
7	2	4	1	8	9	6	5	3

74

1	2	9	8	6	5	3	7	4
8	7	4	1	9	3	5	6	2
5	3	6	2	7	4	9	1	8
3	9	5	6	4	2	7	8	1
7	6	8	3	1	9	2	4	5
2	4	1	7	5	8	6	3	9
4	1	2	5	3	7	8	9	6
9	8	3	4	2	6	1	5	7
6	5	7	9	8	1	4	2	3

75

4	9	1	6	5	7	3	8	2
2	8	3	9	1	4	6	5	7
6	5	7	2	8	3	4	1	9
1	6	9	8	2	5	7	3	4
8	3	4	7	9	1	2	6	5
7	2	5	3	4	6	8	9	1
9	7	2	1	3	8	5	4	6
5	1	8	4	6	2	9	7	3
3	4	6	5	7	9	1	2	8

76

2	7	8	1	9	4	3	5	6
3	5	9	8	2	6	7	1	4
1	6	4	5	7	3	8	9	2
4	2	1	9	3	8	6	7	5
6	3	7	4	1	5	2	8	9
9	8	5	2	6	7	1	4	3
8	1	3	6	5	9	4	2	7
7	9	2	3	4	1	5	6	8
5	4	6	7	8	2	9	3	1

77

4	1	2	6	9	3	5	8	7
9	5	7	8	4	2	6	3	1
6	3	8	7	5	1	2	4	9
1	2	3	5	7	8	9	6	4
8	9	4	3	1	6	7	2	5
5	7	6	4	2	9	3	1	8
3	6	1	9	8	5	4	7	2
2	4	9	1	3	7	8	5	6
7	8	5	2	6	4	1	9	3

78

7	8	9	1	6	3	2	4	5
6	5	1	9	2	4	7	3	8
4	2	3	7	5	8	1	6	9
5	1	4	3	7	6	8	9	2
8	7	2	5	4	9	6	1	3
3	9	6	8	1	2	5	7	4
1	4	8	2	3	7	9	5	6
2	3	7	6	9	5	4	8	1
9	6	5	4	8	1	3	2	7

79

6	9	2	1	7	8	3	5	4
5	4	7	3	2	6	9	1	8
3	8	1	9	5	4	7	6	2
4	7	3	5	1	9	2	8	6
2	6	5	8	3	7	1	4	9
9	1	8	4	6	2	5	3	7
8	3	4	2	9	1	6	7	5
7	5	9	6	8	3	4	2	1
1	2	6	7	4	5	8	9	3

80

5	4	3	9	2	8	6	7	1
6	1	8	7	3	4	2	9	5
2	7	9	1	6	5	3	8	4
3	5	1	8	7	6	9	4	2
8	6	4	2	9	3	5	1	7
9	2	7	4	5	1	8	6	3
1	9	6	5	4	2	7	3	8
7	8	5	3	1	9	4	2	6
4	3	2	6	8	7	1	5	9

81

6	7	8	2	3	9	5	4	1
5	1	9	6	4	7	8	2	3
2	3	4	5	1	8	7	9	6
9	6	3	8	7	1	4	5	2
1	2	5	9	6	4	3	7	8
8	4	7	3	5	2	1	6	9
4	5	2	1	9	3	6	8	7
3	9	6	7	8	5	2	1	4
7	8	1	4	2	6	9	3	5

82

4	9	1	6	5	7	3	8	2
2	8	3	9	1	4	6	5	7
6	5	7	2	8	3	4	1	9
1	6	9	8	2	5	7	3	4
8	3	4	7	9	1	2	6	5
7	2	5	3	4	6	8	9	1
9	7	2	1	3	8	5	4	6
5	1	8	4	6	2	9	7	3
3	4	6	5	7	9	1	2	8

83

2	5	6	9	7	3	4	1	8
9	4	7	1	8	6	3	2	5
8	3	1	5	4	2	9	7	6
5	8	2	7	6	9	1	3	4
7	1	3	4	2	8	6	5	9
6	9	4	3	1	5	7	8	2
3	6	5	2	9	7	8	4	1
1	2	8	6	3	4	5	9	7
4	7	9	8	5	1	2	6	3

84

8	1	2	4	7	3	9	6	5
3	9	6	8	5	2	4	1	7
7	5	4	9	1	6	2	8	3
2	4	9	5	8	7	1	3	6
1	6	8	3	4	9	5	7	2
5	7	3	2	6	1	8	4	9
6	8	7	1	9	5	3	2	4
4	2	5	6	3	8	7	9	1
9	3	1	7	2	4	6	5	8

85

3	8	6	5	9	7	2	1	4
9	1	2	8	4	3	6	5	7
7	4	5	1	2	6	3	8	9
6	2	4	9	1	5	7	3	8
8	7	1	4	3	2	5	9	6
5	3	9	6	7	8	1	4	2
4	6	3	7	8	1	9	2	5
2	9	7	3	5	4	8	6	1
1	5	8	2	6	9	4	7	3

86

3	1	2	4	7	5	8	9	6
9	5	4	6	1	8	3	2	7
7	8	6	2	3	9	1	4	5
1	6	3	5	8	4	9	7	2
2	7	5	9	6	3	4	1	8
4	9	8	1	2	7	6	5	3
8	2	9	7	4	6	5	3	1
5	3	1	8	9	2	7	6	4
6	4	7	3	5	1	2	8	9

87

6	1	8	2	7	3	9	5	4
7	9	5	4	1	8	3	2	6
3	2	4	5	6	9	1	8	7
1	8	7	9	3	5	6	4	2
2	6	9	8	4	1	7	3	5
4	5	3	6	2	7	8	9	1
9	4	2	1	8	6	5	7	3
5	7	6	3	9	2	4	1	8
8	3	1	7	5	4	2	6	9

88

3	4	1	7	2	9	6	8	5
2	9	5	8	1	6	4	3	7
7	8	6	3	5	4	1	9	2
5	3	7	2	6	8	9	4	1
9	1	2	4	3	5	8	7	6
8	6	4	9	7	1	2	5	3
6	2	8	5	4	3	7	1	9
1	5	9	6	8	7	3	2	4
4	7	3	1	9	2	5	6	8

89

7	1	2	3	6	4	8	5	9
4	6	8	5	1	9	7	2	3
5	3	9	7	8	2	6	1	4
3	8	1	6	2	5	4	9	7
9	5	6	1	4	7	3	8	2
2	4	7	9	3	8	1	6	5
1	2	4	8	9	3	5	7	6
8	9	5	4	7	6	2	3	1
6	7	3	2	5	1	9	4	8

90

8	7	3	4	2	5	6	9	1
9	2	6	7	3	1	4	5	8
1	4	5	9	8	6	2	7	3
6	8	9	3	5	7	1	2	4
4	1	7	6	9	2	8	3	5
3	5	2	8	1	4	9	6	7
5	6	4	1	7	9	3	8	2
2	9	8	5	4	3	7	1	6
7	3	1	2	6	8	5	4	9

91

2	1	7	6	9	3	5	8	4
5	8	3	4	2	1	7	9	6
9	4	6	8	5	7	1	3	2
6	7	1	9	4	8	3	2	5
3	2	4	1	6	5	8	7	9
8	9	5	7	3	2	6	4	1
1	5	8	2	7	4	9	6	3
7	6	2	3	1	9	4	5	8
4	3	9	5	8	6	2	1	7

92

9	8	5	2	6	4	3	7	1
3	6	1	8	7	5	2	4	9
4	2	7	3	9	1	5	6	8
8	7	4	1	5	2	9	3	6
6	1	2	7	3	9	4	8	5
5	3	9	4	8	6	1	2	7
1	9	3	6	2	7	8	5	4
2	5	6	9	4	8	7	1	3
7	4	8	5	1	3	6	9	2

93

7	1	6	3	4	2	9	5	8
9	5	4	8	7	6	3	1	2
3	2	8	1	5	9	7	6	4
2	4	9	7	1	8	6	3	5
6	7	5	2	3	4	8	9	1
8	3	1	6	9	5	2	4	7
5	6	7	9	8	1	4	2	3
4	9	3	5	2	7	1	8	6
1	8	2	4	6	3	5	7	9

94

6	8	3	1	4	7	2	5	9
5	9	4	8	6	2	7	3	1
2	1	7	3	5	9	6	4	8
8	7	2	9	3	1	4	6	5
9	5	6	7	2	4	8	1	3
4	3	1	5	8	6	9	2	7
3	6	5	4	9	8	1	7	2
7	2	8	6	1	3	5	9	4
1	4	9	2	7	5	3	8	6

95

4	9	1	6	5	7	3	8	2
2	8	3	9	1	4	6	5	7
6	5	7	2	8	3	4	1	9
1	6	9	8	2	5	7	3	4
8	3	4	7	9	1	2	6	5
7	2	5	3	4	6	8	9	1
9	7	2	1	3	8	5	4	6
5	1	8	4	6	2	9	7	3
3	4	6	5	7	9	1	2	8

96

8	9	5	4	3	6	7	1	2
4	7	1	8	5	2	3	6	9
6	2	3	7	1	9	4	8	5
5	6	7	9	2	4	1	3	8
2	4	8	3	6	1	5	9	7
3	1	9	5	8	7	2	4	6
1	3	2	6	9	5	8	7	4
9	8	4	2	7	3	6	5	1
7	5	6	1	4	8	9	2	3

97

8	9	5	2	4	3	6	1	7
6	7	1	5	9	8	2	4	3
4	3	2	6	1	7	9	5	8
3	6	8	9	2	5	4	7	1
1	5	4	7	8	6	3	2	9
7	2	9	4	3	1	8	6	5
9	8	7	1	6	2	5	3	4
5	4	6	3	7	9	1	8	2
2	1	3	8	5	4	7	9	6

98

1	9	5	6	3	2	4	8	7
6	4	2	7	5	8	1	9	3
7	8	3	4	9	1	5	6	2
2	7	8	3	1	6	9	4	5
3	1	4	9	7	5	8	2	6
5	6	9	8	2	4	7	3	1
4	3	7	1	6	9	2	5	8
9	2	6	5	8	7	3	1	4
8	5	1	2	4	3	6	7	9

99

8	7	2	4	3	9	5	6	1
5	4	6	7	8	1	3	9	2
3	9	1	2	6	5	8	4	7
6	8	3	5	1	7	4	2	9
4	1	9	3	2	6	7	8	5
7	2	5	8	9	4	1	3	6
1	3	7	9	4	2	6	5	8
9	6	8	1	5	3	2	7	4
2	5	4	6	7	8	9	1	3

100

1	9	7	2	5	3	8	6	4
8	5	4	9	7	6	1	3	2
3	2	6	4	1	8	7	5	9
2	6	5	7	3	9	4	1	8
4	7	3	1	8	5	2	9	6
9	8	1	6	4	2	5	7	3
5	4	8	3	6	7	9	2	1
6	1	2	5	9	4	3	8	7
7	3	9	8	2	1	6	4	5

101

4	7	1	8	3	6	5	9	2
8	5	2	4	7	9	3	1	6
3	6	9	2	1	5	4	8	7
5	2	6	9	4	1	7	3	8
1	9	8	3	5	7	6	2	4
7	3	4	6	2	8	1	5	9
6	4	3	1	8	2	9	7	5
2	1	5	7	9	4	8	6	3
9	8	7	5	6	3	2	4	1

102

6	3	8	1	4	9	5	7	2
7	5	2	3	8	6	1	9	4
9	1	4	5	2	7	8	3	6
2	8	3	9	5	4	6	1	7
4	6	9	7	3	1	2	8	5
5	7	1	8	6	2	3	4	9
3	9	7	6	1	5	4	2	8
8	4	6	2	9	3	7	5	1
1	2	5	4	7	8	9	6	3

103

7	9	4	3	2	8	5	1	6
5	6	8	4	9	1	3	2	7
1	3	2	7	5	6	8	4	9
4	8	9	2	6	3	7	5	1
2	1	7	5	4	9	6	3	8
3	5	6	1	8	7	2	9	4
8	2	5	6	1	4	9	7	3
9	4	3	8	7	2	1	6	5
6	7	1	9	3	5	4	8	2

104

3	1	2	6	5	8	4	9	7
4	6	9	2	3	7	8	1	5
7	8	5	4	1	9	3	6	2
2	7	6	5	9	3	1	8	4
1	9	4	8	2	6	5	7	3
5	3	8	7	4	1	9	2	6
6	4	7	1	8	5	2	3	9
8	5	3	9	6	2	7	4	1
9	2	1	3	7	4	6	5	8

105

2	7	4	1	3	5	6	9	8
6	5	8	7	9	2	1	3	4
1	3	9	6	4	8	5	7	2
3	1	5	2	8	4	7	6	9
4	2	6	3	7	9	8	5	1
8	9	7	5	1	6	4	2	3
5	8	3	4	2	7	9	1	6
9	6	2	8	5	1	3	4	7
7	4	1	9	6	3	2	8	5

106

7	4	1	6	9	3	5	8	2
2	8	5	7	4	1	9	3	6
9	6	3	8	5	2	7	1	4
6	2	9	1	8	5	4	7	3
1	5	4	2	3	7	8	6	9
8	3	7	9	6	4	2	5	1
4	7	8	3	2	6	1	9	5
3	9	2	5	1	8	6	4	7
5	1	6	4	7	9	3	2	8

107

9	5	3	4	2	7	1	6	8
7	1	4	8	9	6	3	5	2
8	6	2	3	1	5	4	9	7
3	2	7	5	8	9	6	4	1
1	4	6	2	7	3	5	8	9
5	8	9	1	6	4	7	2	3
4	3	8	9	5	1	2	7	6
2	7	5	6	3	8	9	1	4
6	9	1	7	4	2	8	3	5

108

9	6	3	7	1	5	2	8	4
5	8	2	6	4	9	7	3	1
7	1	4	2	3	8	9	5	6
8	2	9	5	6	1	4	7	3
4	7	6	8	9	3	1	2	5
3	5	1	4	7	2	8	6	9
6	3	7	1	2	4	5	9	8
1	9	5	3	8	7	6	4	2
2	4	8	9	5	6	3	1	7

109

9	2	3	4	5	6	7	8	1
5	8	7	1	3	9	4	6	2
6	1	4	2	8	7	5	9	3
4	9	5	7	1	3	8	2	6
8	6	1	5	2	4	9	3	7
7	3	2	6	9	8	1	4	5
2	7	9	8	6	5	3	1	4
3	4	6	9	7	1	2	5	8
1	5	8	3	4	2	6	7	9

110

5	6	7	8	4	3	1	2	9
9	1	3	6	5	2	4	7	8
2	8	4	1	7	9	3	5	6
3	7	6	9	2	5	8	1	4
8	4	5	3	1	6	7	9	2
1	2	9	7	8	4	6	3	5
7	9	1	2	6	8	5	4	3
6	5	2	4	3	7	9	8	1
4	3	8	5	9	1	2	6	7

111

7	5	4	6	3	1	8	9	2
3	9	8	4	5	2	7	1	6
2	6	1	9	8	7	5	3	4
5	1	2	7	6	9	3	4	8
9	4	3	2	1	8	6	7	5
6	8	7	5	4	3	1	2	9
1	7	6	8	2	4	9	5	3
8	2	9	3	7	5	4	6	1
4	3	5	1	9	6	2	8	7

112

2	5	1	9	4	8	6	7	3
6	7	4	2	5	3	9	8	1
9	3	8	6	7	1	5	2	4
7	2	5	1	3	9	4	6	8
3	1	6	8	2	4	7	5	9
4	8	9	5	6	7	3	1	2
5	9	2	4	8	6	1	3	7
1	6	7	3	9	2	8	4	5
8	4	3	7	1	5	2	9	6

113

1	8	4	3	7	5	2	9	6
2	5	7	6	9	8	4	1	3
6	9	3	1	2	4	8	5	7
7	6	1	9	3	2	5	4	8
4	3	9	8	5	7	6	2	1
8	2	5	4	1	6	7	3	9
5	1	2	7	8	9	3	6	4
9	4	8	2	6	3	1	7	5
3	7	6	5	4	1	9	8	2

114

6	3	5	8	7	4	9	1	2
2	1	9	6	3	5	4	8	7
4	8	7	2	9	1	5	3	6
5	4	2	1	8	9	7	6	3
9	6	1	7	2	3	8	4	5
3	7	8	5	4	6	2	9	1
1	9	4	3	5	2	6	7	8
8	5	6	9	1	7	3	2	4
7	2	3	4	6	8	1	5	9

115

8	1	5	9	7	6	3	4	2
2	4	6	8	5	3	9	7	1
9	7	3	1	2	4	5	6	8
4	8	9	6	3	5	1	2	7
3	2	1	4	8	7	6	9	5
5	6	7	2	9	1	4	8	3
1	5	2	7	6	9	8	3	4
6	3	8	5	4	2	7	1	9
7	9	4	3	1	8	2	5	6

116

4	9	1	6	5	7	3	8	2
2	8	3	9	1	4	6	5	7
6	5	7	2	8	3	4	1	9
1	6	9	8	2	5	7	3	4
8	3	4	7	9	1	2	6	5
7	2	5	3	4	6	8	9	1
9	7	2	1	3	8	5	4	6
5	1	8	4	6	2	9	7	3
3	4	6	5	7	9	1	2	8

117

3	5	1	8	2	6	9	4	7
8	2	9	4	7	1	3	6	5
7	4	6	3	5	9	2	1	8
2	8	3	9	6	7	4	5	1
6	1	4	5	3	8	7	9	2
9	7	5	1	4	2	8	3	6
4	6	8	2	9	5	1	7	3
1	9	7	6	8	3	5	2	4
5	3	2	7	1	4	6	8	9

118

7	1	4	9	8	5	2	3	6
8	6	9	1	3	2	7	5	4
2	3	5	4	7	6	1	9	8
5	4	2	6	9	1	3	8	7
1	9	7	8	4	3	5	6	2
6	8	3	5	2	7	9	4	1
3	7	6	2	5	4	8	1	9
9	5	1	7	6	8	4	2	3
4	2	8	3	1	9	6	7	5

119

7	9	5	1	2	3	8	6	4
8	3	1	4	6	9	2	5	7
2	6	4	7	8	5	9	3	1
6	7	8	9	4	1	5	2	3
4	5	2	8	3	6	1	7	9
9	1	3	2	5	7	4	8	6
5	4	7	6	1	8	3	9	2
3	2	9	5	7	4	6	1	8
1	8	6	3	9	2	7	4	5

120

1	2	4	7	8	6	3	9	5
6	9	5	4	1	3	8	2	7
3	7	8	5	2	9	1	6	4
2	8	1	6	3	7	4	5	9
4	5	6	8	9	1	7	3	2
7	3	9	2	5	4	6	1	8
5	6	2	3	4	8	9	7	1
8	1	7	9	6	5	2	4	3
9	4	3	1	7	2	5	8	6

121

8	9	3	5	1	7	4	6	2
1	4	7	3	2	6	9	5	8
6	5	2	9	8	4	3	1	7
9	1	4	7	5	8	2	3	6
2	3	8	4	6	9	5	7	1
7	6	5	1	3	2	8	4	9
4	7	1	2	9	5	6	8	3
5	2	6	8	7	3	1	9	4
3	8	9	6	4	1	7	2	5

122

1	5	9	6	8	3	4	2	7
7	8	2	4	1	9	3	6	5
4	6	3	7	5	2	8	1	9
9	2	8	5	3	6	1	7	4
3	4	7	9	2	1	6	5	8
5	1	6	8	4	7	9	3	2
6	7	1	2	9	8	5	4	3
2	9	4	3	6	5	7	8	1
8	3	5	1	7	4	2	9	6

123

8	7	1	5	9	2	3	6	4
9	6	2	4	3	1	5	7	8
3	5	4	8	7	6	2	9	1
4	9	3	6	2	5	1	8	7
2	1	6	9	8	7	4	5	3
7	8	5	3	1	4	6	2	9
1	4	8	2	6	9	7	3	5
5	2	9	7	4	3	8	1	6
6	3	7	1	5	8	9	4	2

124

5	4	3	7	2	8	1	9	6
7	1	9	6	3	4	2	8	5
8	2	6	1	5	9	3	7	4
2	5	7	3	4	6	9	1	8
9	3	8	5	1	7	4	6	2
1	6	4	8	9	2	5	3	7
3	7	1	2	8	5	6	4	9
6	9	2	4	7	3	8	5	1
4	8	5	9	6	1	7	2	3

125

3	2	1	8	9	4	5	7	6
6	9	7	3	2	5	4	8	1
5	8	4	1	7	6	2	9	3
8	5	6	7	3	1	9	2	4
4	3	2	6	8	9	1	5	7
1	7	9	4	5	2	6	3	8
7	6	5	2	4	3	8	1	9
9	4	3	5	1	8	7	6	2
2	1	8	9	6	7	3	4	5

126

8	4	3	1	9	6	2	5	7
9	1	5	2	7	4	6	8	3
6	2	7	3	8	5	4	9	1
1	8	9	4	3	2	7	6	5
7	6	2	5	1	8	3	4	9
3	5	4	7	6	9	1	2	8
4	7	8	6	5	3	9	1	2
2	9	1	8	4	7	5	3	6
5	3	6	9	2	1	8	7	4

127

5	8	1	7	2	6	9	4	3
3	2	4	8	9	1	6	5	7
9	7	6	3	4	5	1	2	8
1	3	8	4	5	2	7	6	9
7	4	9	1	6	3	2	8	5
2	6	5	9	8	7	3	1	4
4	5	7	2	1	9	8	3	6
6	1	3	5	7	8	4	9	2
8	9	2	6	3	4	5	7	1

128

4	2	1	9	6	8	7	5	3
7	3	6	1	4	5	8	2	9
5	9	8	2	7	3	1	4	6
8	5	7	4	9	6	3	1	2
1	4	2	8	3	7	6	9	5
9	6	3	5	1	2	4	7	8
3	7	9	6	5	1	2	8	4
6	8	4	7	2	9	5	3	1
2	1	5	3	8	4	9	6	7

129

7	1	9	5	6	8	3	2	4
5	6	4	9	3	2	1	7	8
3	8	2	7	4	1	5	9	6
9	7	8	6	2	5	4	1	3
4	5	1	3	9	7	6	8	2
6	2	3	8	1	4	7	5	9
1	4	7	2	8	3	9	6	5
8	3	6	1	5	9	2	4	7
2	9	5	4	7	6	8	3	1

130

4	3	7	8	5	2	9	1	6
2	5	9	1	3	6	4	8	7
6	8	1	9	7	4	5	3	2
8	9	3	4	2	5	6	7	1
7	1	6	3	9	8	2	4	5
5	4	2	7	6	1	8	9	3
1	6	4	5	8	7	3	2	9
3	2	8	6	1	9	7	5	4
9	7	5	2	4	3	1	6	8

131

9	3	5	1	4	8	2	7	6
2	7	1	5	3	6	8	9	4
8	6	4	7	9	2	1	3	5
1	9	2	6	7	3	5	4	8
5	4	3	8	2	1	9	6	7
7	8	6	9	5	4	3	1	2
3	1	7	4	8	5	6	2	9
4	2	8	3	6	9	7	5	1
6	5	9	2	1	7	4	8	3

132

3	9	6	1	4	7	8	5	2
5	8	7	3	2	9	6	4	1
1	2	4	6	8	5	9	7	3
6	3	1	9	5	2	4	8	7
2	7	9	4	1	8	5	3	6
4	5	8	7	3	6	1	2	9
8	1	5	2	6	3	7	9	4
7	4	2	5	9	1	3	6	8
9	6	3	8	7	4	2	1	5

133

4	1	7	6	5	3	8	9	2
5	8	2	7	4	9	1	6	3
6	9	3	2	8	1	4	7	5
7	4	5	9	6	2	3	1	8
1	3	9	4	7	8	2	5	6
8	2	6	3	1	5	7	4	9
9	6	1	8	3	7	5	2	4
2	5	8	1	9	4	6	3	7
3	7	4	5	2	6	9	8	1

134

1	3	8	9	6	7	5	4	2
6	4	9	2	5	1	3	7	8
5	2	7	4	8	3	9	6	1
8	7	4	3	1	2	6	9	5
3	5	6	7	9	8	1	2	4
2	9	1	5	4	6	8	3	7
9	8	2	1	3	4	7	5	6
7	1	3	6	2	5	4	8	9
4	6	5	8	7	9	2	1	3

135

9	7	2	6	4	8	1	3	5
6	1	3	9	5	7	4	2	8
4	8	5	1	3	2	7	6	9
3	4	1	8	6	5	9	7	2
2	6	9	7	1	4	5	8	3
7	5	8	2	9	3	6	4	1
1	3	7	5	2	6	8	9	4
5	2	6	4	8	9	3	1	7
8	9	4	3	7	1	2	5	6

136

6	9	4	2	3	1	7	5	8
1	5	8	4	6	7	9	2	3
2	7	3	9	5	8	1	4	6
3	8	6	5	1	9	4	7	2
7	4	9	6	8	2	3	1	5
5	1	2	7	4	3	6	8	9
8	6	7	1	9	5	2	3	4
9	2	5	3	7	4	8	6	1
4	3	1	8	2	6	5	9	7

137

3	2	6	9	1	8	7	5	4
7	9	1	2	5	4	3	6	8
8	5	4	3	6	7	1	2	9
2	4	9	5	7	6	8	3	1
5	8	3	4	9	1	2	7	6
1	6	7	8	2	3	4	9	5
4	1	2	6	3	9	5	8	7
6	3	8	7	4	5	9	1	2
9	7	5	1	8	2	6	4	3

138

5	7	6	1	8	9	4	3	2
4	2	3	7	6	5	1	9	8
9	8	1	4	2	3	5	7	6
3	5	9	2	7	6	8	4	1
6	1	8	9	3	4	2	5	7
7	4	2	8	5	1	9	6	3
2	3	7	5	9	8	6	1	4
1	6	5	3	4	2	7	8	9
8	9	4	6	1	7	3	2	5

139

5	4	7	3	1	6	2	8	9
3	2	6	8	9	4	5	1	7
8	9	1	7	2	5	4	3	6
9	1	3	2	6	7	8	4	5
6	5	4	9	8	3	7	2	1
7	8	2	5	4	1	9	6	3
2	3	8	6	5	9	1	7	4
1	7	9	4	3	2	6	5	8
4	6	5	1	7	8	3	9	2

140

2	4	7	9	3	6	5	8	1
1	6	9	5	2	8	7	3	4
5	3	8	4	1	7	6	9	2
4	5	3	1	8	9	2	6	7
6	8	2	7	4	3	9	1	5
7	9	1	6	5	2	3	4	8
8	2	5	3	9	1	4	7	6
3	7	4	8	6	5	1	2	9
9	1	6	2	7	4	8	5	3

141

3	1	5	9	7	6	8	2	4
9	8	4	3	2	5	1	7	6
2	7	6	1	8	4	3	5	9
5	6	2	4	1	3	9	8	7
1	9	8	5	6	7	4	3	2
4	3	7	2	9	8	5	6	1
7	4	1	8	5	2	6	9	3
6	5	9	7	3	1	2	4	8
8	2	3	6	4	9	7	1	5

142

4	9	1	6	5	7	3	8	2
2	8	3	9	1	4	6	5	7
6	5	7	2	8	3	4	1	9
1	6	9	8	2	5	7	3	4
8	3	4	7	9	1	2	6	5
7	2	5	3	4	6	8	9	1
9	7	2	1	3	8	5	4	6
5	1	8	4	6	2	9	7	3
3	4	6	5	7	9	1	2	8

143

9	2	7	4	1	5	3	6	8
3	8	6	2	9	7	4	1	5
1	4	5	3	8	6	2	7	9
2	3	1	7	4	8	9	5	6
6	5	8	9	3	1	7	2	4
4	7	9	5	6	2	1	8	3
8	9	2	1	5	3	6	4	7
7	6	3	8	2	4	5	9	1
5	1	4	6	7	9	8	3	2

144

6	2	7	5	3	9	4	1	8
9	8	4	2	1	7	3	5	6
3	5	1	6	8	4	7	9	2
4	7	3	8	5	2	9	6	1
2	1	8	9	4	6	5	7	3
5	9	6	1	7	3	8	2	4
8	3	5	7	6	1	2	4	9
1	4	9	3	2	5	6	8	7
7	6	2	4	9	8	1	3	5

145

1	4	5	3	6	2	8	7	9
7	9	8	5	1	4	2	3	6
2	6	3	9	8	7	5	1	4
4	8	7	2	9	6	1	5	3
6	5	2	1	4	3	9	8	7
9	3	1	7	5	8	6	4	2
3	2	6	8	7	1	4	9	5
5	1	4	6	3	9	7	2	8
8	7	9	4	2	5	3	6	1

146

5	2	1	8	9	7	3	6	4
9	4	7	2	3	6	1	5	8
6	8	3	4	1	5	7	9	2
3	5	6	1	2	4	8	7	9
8	1	4	7	5	9	6	2	3
7	9	2	6	8	3	4	1	5
1	6	5	9	4	8	2	3	7
2	3	8	5	7	1	9	4	6
4	7	9	3	6	2	5	8	1

147

9	2	3	4	8	5	6	7	1
1	5	7	6	2	3	8	9	4
8	6	4	7	1	9	2	5	3
5	9	1	8	6	4	3	2	7
4	7	2	3	5	1	9	8	6
3	8	6	2	9	7	1	4	5
2	4	8	1	7	6	5	3	9
7	1	5	9	3	2	4	6	8
6	3	9	5	4	8	7	1	2

148

2	6	5	4	7	9	1	3	8
7	8	3	6	2	1	4	9	5
9	4	1	3	5	8	7	2	6
5	3	6	9	1	7	8	4	2
4	2	8	5	3	6	9	1	7
1	7	9	8	4	2	5	6	3
8	5	2	1	9	3	6	7	4
6	9	7	2	8	4	3	5	1
3	1	4	7	6	5	2	8	9

149

9	6	7	4	5	3	8	1	2
8	1	5	7	6	2	4	9	3
3	2	4	1	8	9	5	6	7
5	4	3	2	1	7	9	8	6
2	9	6	5	4	8	7	3	1
7	8	1	3	9	6	2	4	5
6	7	8	9	3	5	1	2	4
1	3	2	8	7	4	6	5	9
4	5	9	6	2	1	3	7	8

150

9	3	1	6	2	8	4	5	7
4	6	5	3	7	1	2	8	9
8	7	2	4	9	5	3	1	6
7	2	3	5	8	4	6	9	1
1	9	4	7	6	3	5	2	8
6	5	8	9	1	2	7	3	4
2	1	7	8	3	6	9	4	5
5	8	9	2	4	7	1	6	3
3	4	6	1	5	9	8	7	2

151

5	2	1	3	4	8	9	6	7
6	7	4	9	2	5	3	1	8
9	8	3	7	6	1	4	5	2
4	5	8	2	7	6	1	3	9
3	1	6	8	9	4	2	7	5
7	9	2	1	5	3	8	4	6
8	3	7	6	1	2	5	9	4
1	4	9	5	8	7	6	2	3
2	6	5	4	3	9	7	8	1

152

4	9	1	6	5	7	3	8	2
2	8	3	9	1	4	6	5	7
6	5	7	2	8	3	4	1	9
1	6	9	8	2	5	7	3	4
8	3	4	7	9	1	2	6	5
7	2	5	3	4	6	8	9	1
9	7	2	1	3	8	5	4	6
5	1	8	4	6	2	9	7	3
3	4	6	5	7	9	1	2	8

153

7	6	8	4	3	5	9	1	2
5	4	2	9	1	7	3	6	8
9	3	1	8	2	6	5	4	7
4	8	7	3	9	2	1	5	6
6	5	3	1	7	4	8	2	9
1	2	9	6	5	8	7	3	4
8	9	4	5	6	3	2	7	1
2	1	5	7	4	9	6	8	3
3	7	6	2	8	1	4	9	5

154

3	8	1	6	2	9	5	4	7
7	2	5	3	4	8	1	9	6
6	4	9	5	1	7	2	8	3
2	5	8	9	6	1	7	3	4
9	7	4	8	3	5	6	1	2
1	6	3	2	7	4	8	5	9
5	1	6	4	9	2	3	7	8
4	3	7	1	8	6	9	2	5
8	9	2	7	5	3	4	6	1

155

8	5	9	3	1	2	7	6	4
3	7	6	5	4	9	8	2	1
4	2	1	7	6	8	9	3	5
9	3	4	8	2	5	1	7	6
6	1	7	4	9	3	5	8	2
2	8	5	1	7	6	4	9	3
7	6	2	9	5	1	3	4	8
5	4	8	6	3	7	2	1	9
1	9	3	2	8	4	6	5	7

156

8	3	1	2	4	6	7	9	5
5	2	9	1	7	8	4	6	3
6	7	4	5	3	9	2	1	8
1	8	2	4	9	5	6	3	7
7	6	3	8	1	2	9	5	4
9	4	5	3	6	7	8	2	1
4	5	6	9	8	3	1	7	2
2	1	7	6	5	4	3	8	9
3	9	8	7	2	1	5	4	6

157

8	7	3	4	2	5	6	9	1
9	2	6	7	3	1	4	5	8
1	4	5	9	8	6	2	7	3
6	8	9	3	5	7	1	2	4
4	1	7	6	9	2	8	3	5
3	5	2	8	1	4	9	6	7
5	6	4	1	7	9	3	8	2
2	9	8	5	4	3	7	1	6
7	3	1	2	6	8	5	4	9

158

3	2	7	5	6	1	8	4	9
8	5	6	7	9	4	2	1	3
1	9	4	8	2	3	7	5	6
2	1	8	4	5	6	3	9	7
4	3	9	2	7	8	1	6	5
7	6	5	3	1	9	4	8	2
6	4	3	9	8	7	5	2	1
9	7	2	1	4	5	6	3	8
5	8	1	6	3	2	9	7	4

159

5	7	6	1	8	9	4	3	2
4	2	3	7	6	5	1	9	8
9	8	1	4	2	3	5	7	6
3	5	9	2	7	6	8	4	1
6	1	8	9	3	4	2	5	7
7	4	2	8	5	1	9	6	3
2	3	7	5	9	8	6	1	4
1	6	5	3	4	2	7	8	9
8	9	4	6	1	7	3	2	5

160

9	7	8	4	1	3	5	6	2
1	5	6	2	7	8	4	9	3
3	2	4	5	9	6	7	8	1
4	3	7	9	5	2	8	1	6
6	1	2	3	8	4	9	5	7
8	9	5	7	6	1	3	2	4
2	6	9	8	3	7	1	4	5
5	4	3	1	2	9	6	7	8
7	8	1	6	4	5	2	3	9

161

7	1	8	3	4	5	6	2	9
6	9	2	8	1	7	5	4	3
4	5	3	2	6	9	1	8	7
9	3	1	5	8	4	2	7	6
8	2	7	6	9	3	4	5	1
5	4	6	1	7	2	3	9	8
2	8	5	7	3	1	9	6	4
1	6	9	4	5	8	7	3	2
3	7	4	9	2	6	8	1	5

162

4	2	8	5	1	6	3	9	7
3	7	9	8	2	4	6	1	5
5	1	6	9	7	3	8	4	2
7	5	1	6	3	9	2	8	4
6	4	2	1	5	8	9	7	3
8	9	3	2	4	7	1	5	6
9	6	4	7	8	2	5	3	1
1	8	7	3	6	5	4	2	9
2	3	5	4	9	1	7	6	8

163

2	7	6	1	3	5	9	4	8
4	5	9	8	7	2	3	1	6
3	1	8	9	6	4	5	2	7
8	4	1	2	5	7	6	9	3
6	9	7	4	8	3	2	5	1
5	3	2	6	1	9	8	7	4
1	8	4	5	9	6	7	3	2
7	2	5	3	4	8	1	6	9
9	6	3	7	2	1	4	8	5

164

2	6	4	3	1	5	7	9	8
8	1	7	2	4	9	5	6	3
3	5	9	7	8	6	1	4	2
4	7	1	6	5	2	8	3	9
9	2	8	4	3	7	6	1	5
6	3	5	1	9	8	2	7	4
5	8	3	9	6	1	4	2	7
7	9	6	5	2	4	3	8	1
1	4	2	8	7	3	9	5	6

165

7	4	6	2	9	8	1	5	3
3	5	1	4	7	6	2	9	8
9	8	2	5	3	1	4	7	6
2	9	3	1	4	7	8	6	5
8	6	7	9	2	5	3	1	4
4	1	5	6	8	3	7	2	9
5	7	8	3	6	2	9	4	1
6	2	4	8	1	9	5	3	7
1	3	9	7	5	4	6	8	2

166

8	3	1	7	4	9	2	6	5
5	4	9	2	3	6	1	8	7
2	7	6	1	8	5	4	9	3
3	8	4	5	9	2	6	7	1
6	1	2	3	7	4	9	5	8
9	5	7	6	1	8	3	2	4
1	6	3	8	2	7	5	4	9
7	9	5	4	6	3	8	1	2
4	2	8	9	5	1	7	3	6

167

5	6	7	9	2	3	1	8	4
8	1	2	6	5	4	3	9	7
4	3	9	7	1	8	5	2	6
1	8	5	2	6	9	7	4	3
6	9	4	5	3	7	2	1	8
2	7	3	8	4	1	6	5	9
3	5	1	4	8	6	9	7	2
7	2	8	3	9	5	4	6	1
9	4	6	1	7	2	8	3	5

168

8	2	5	3	1	7	6	9	4
4	3	6	5	9	8	7	2	1
9	1	7	2	4	6	5	3	8
7	6	3	8	2	1	9	4	5
2	5	9	6	7	4	1	8	3
1	8	4	9	5	3	2	7	6
5	4	8	7	6	9	3	1	2
6	7	1	4	3	2	8	5	9
3	9	2	1	8	5	4	6	7

169

4	5	3	7	1	6	9	2	8
8	2	9	3	4	5	1	6	7
6	7	1	9	8	2	5	3	4
1	9	7	5	2	3	8	4	6
3	4	5	8	6	1	2	7	9
2	6	8	4	7	9	3	1	5
7	1	4	2	5	8	6	9	3
9	8	6	1	3	7	4	5	2
5	3	2	6	9	4	7	8	1

170

5	1	4	9	2	3	7	6	8
7	2	6	1	8	5	9	3	4
3	8	9	6	4	7	1	2	5
9	3	5	7	1	4	6	8	2
8	6	2	5	3	9	4	1	7
4	7	1	8	6	2	5	9	3
1	4	8	2	7	6	3	5	9
6	5	7	3	9	8	2	4	1
2	9	3	4	5	1	8	7	6

171

3	9	6	1	5	7	8	4	2
1	4	2	3	8	9	5	7	6
7	5	8	4	2	6	9	1	3
8	3	5	6	7	2	1	9	4
9	7	1	5	4	3	6	2	8
2	6	4	8	9	1	7	3	5
5	8	9	2	1	4	3	6	7
6	2	7	9	3	8	4	5	1
4	1	3	7	6	5	2	8	9

172

9	2	7	3	4	5	1	6	8
1	4	8	2	6	7	9	5	3
6	5	3	9	1	8	4	7	2
8	6	5	1	9	3	2	4	7
2	9	4	8	7	6	3	1	5
3	7	1	5	2	4	6	8	9
7	8	6	4	3	2	5	9	1
5	1	2	6	8	9	7	3	4
4	3	9	7	5	1	8	2	6

173

5	3	9	4	1	8	2	6	7
2	6	8	3	5	7	1	9	4
4	7	1	6	2	9	8	3	5
7	5	6	9	8	4	3	2	1
1	4	2	5	3	6	7	8	9
9	8	3	2	7	1	4	5	6
8	1	5	7	6	2	9	4	3
6	2	4	1	9	3	5	7	8
3	9	7	8	4	5	6	1	2

174

6	1	8	3	5	7	9	2	4
5	2	4	1	9	8	3	6	7
7	9	3	4	6	2	5	8	1
2	6	9	5	1	4	8	7	3
4	3	5	8	7	9	6	1	2
8	7	1	2	3	6	4	5	9
1	8	2	6	4	3	7	9	5
3	5	7	9	8	1	2	4	6
9	4	6	7	2	5	1	3	8

175

6	2	7	5	3	9	4	1	8
9	8	4	2	1	7	3	5	6
3	5	1	6	8	4	7	9	2
4	7	3	8	5	2	9	6	1
2	1	8	9	4	6	5	7	3
5	9	6	1	7	3	8	2	4
8	3	5	7	6	1	2	4	9
1	4	9	3	2	5	6	8	7
7	6	2	4	9	8	1	3	5

176

4	7	2	6	3	8	9	1	5
9	3	5	4	7	1	8	6	2
8	1	6	9	5	2	4	3	7
6	5	1	8	4	9	2	7	3
2	9	7	3	1	6	5	4	8
3	4	8	5	2	7	6	9	1
5	8	3	7	9	4	1	2	6
1	6	4	2	8	3	7	5	9
7	2	9	1	6	5	3	8	4

177

7	6	1	8	9	2	4	5	3
4	5	9	1	3	6	2	7	8
2	8	3	5	7	4	9	1	6
8	4	6	2	1	5	3	9	7
3	7	2	4	6	9	5	8	1
1	9	5	7	8	3	6	4	2
5	3	8	6	4	1	7	2	9
9	2	7	3	5	8	1	6	4
6	1	4	9	2	7	8	3	5

178

3	1	4	6	2	8	9	5	7
9	8	6	5	4	7	2	3	1
2	5	7	9	1	3	6	8	4
6	9	3	4	7	5	8	1	2
5	4	8	1	3	2	7	6	9
1	7	2	8	9	6	3	4	5
8	6	1	7	5	9	4	2	3
4	2	9	3	8	1	5	7	6
7	3	5	2	6	4	1	9	8

179

4	9	1	6	5	7	3	8	2
2	8	3	9	1	4	6	5	7
6	5	7	2	8	3	4	1	9
1	6	9	8	2	5	7	3	4
8	3	4	7	9	1	2	6	5
7	2	5	3	4	6	8	9	1
9	7	2	1	3	8	5	4	6
5	1	8	4	6	2	9	7	3
3	4	6	5	7	9	1	2	8

180

3	2	1	8	9	4	5	7	6
6	9	7	3	2	5	4	8	1
5	8	4	1	7	6	2	9	3
8	5	6	7	3	1	9	2	4
4	3	2	6	8	9	1	5	7
1	7	9	4	5	2	6	3	8
7	6	5	2	4	3	8	1	9
9	4	3	5	1	8	7	6	2
2	1	8	9	6	7	3	4	5

181

2	4	1	8	9	5	6	3	7
3	6	9	1	7	2	4	8	5
5	7	8	3	6	4	9	2	1
6	1	4	7	3	8	2	5	9
8	3	5	6	2	9	7	1	4
9	2	7	4	5	1	3	6	8
1	9	2	5	4	3	8	7	6
7	8	3	9	1	6	5	4	2
4	5	6	2	8	7	1	9	3

182

5	1	9	8	3	4	6	2	7
8	2	7	9	5	6	3	4	1
4	3	6	7	1	2	8	5	9
1	6	3	2	9	7	5	8	4
7	4	5	6	8	1	2	9	3
9	8	2	5	4	3	7	1	6
2	9	4	3	6	5	1	7	8
6	7	8	1	2	9	4	3	5
3	5	1	4	7	8	9	6	2

183

2	5	6	9	3	4	7	1	8
8	7	1	2	6	5	3	9	4
3	4	9	7	8	1	6	2	5
9	1	4	8	2	3	5	7	6
6	3	5	1	7	9	4	8	2
7	8	2	4	5	6	1	3	9
5	6	8	3	9	7	2	4	1
1	2	7	5	4	8	9	6	3
4	9	3	6	1	2	8	5	7

184

4	6	7	5	1	3	9	8	2
5	8	9	2	4	7	6	3	1
2	3	1	6	8	9	7	4	5
6	1	8	9	5	4	3	2	7
9	4	5	7	3	2	8	1	6
3	7	2	8	6	1	5	9	4
1	5	4	3	7	8	2	6	9
8	9	6	4	2	5	1	7	3
7	2	3	1	9	6	4	5	8

185

5	2	9	1	7	6	8	3	4
4	3	6	8	5	9	1	7	2
1	7	8	2	4	3	6	5	9
7	8	4	3	2	5	9	1	6
2	1	3	9	6	7	4	8	5
9	6	5	4	8	1	3	2	7
8	5	1	6	9	2	7	4	3
6	4	7	5	3	8	2	9	1
3	9	2	7	1	4	5	6	8

186

7	8	9	1	6	3	2	4	5
6	5	1	9	2	4	7	3	8
4	2	3	7	5	8	1	6	9
5	1	4	3	7	6	8	9	2
8	7	2	5	4	9	6	1	3
3	9	6	8	1	2	5	7	4
1	4	8	2	3	7	9	5	6
2	3	7	6	9	5	4	8	1
9	6	5	4	8	1	3	2	7

187

4	7	1	8	6	3	2	9	5
3	2	9	4	7	5	6	1	8
6	5	8	2	1	9	3	4	7
5	9	7	1	8	6	4	3	2
2	3	4	5	9	7	8	6	1
1	8	6	3	4	2	5	7	9
8	4	5	7	3	1	9	2	6
9	1	3	6	2	8	7	5	4
7	6	2	9	5	4	1	8	3

188

1	5	4	8	6	7	3	2	9
9	6	2	1	3	5	7	4	8
8	3	7	2	4	9	6	5	1
2	1	3	5	8	4	9	7	6
6	9	5	3	7	1	2	8	4
4	7	8	6	9	2	1	3	5
5	8	6	7	1	3	4	9	2
3	4	1	9	2	8	5	6	7
7	2	9	4	5	6	8	1	3

189

4	9	5	7	1	6	8	2	3
7	3	2	9	5	8	1	4	6
8	6	1	4	2	3	7	9	5
1	8	4	3	7	2	6	5	9
6	5	9	8	4	1	3	7	2
3	2	7	6	9	5	4	1	8
2	1	8	5	3	7	9	6	4
5	4	6	1	8	9	2	3	7
9	7	3	2	6	4	5	8	1

190

5	6	9	7	3	4	1	8	2
8	7	1	6	5	2	3	9	4
2	4	3	8	1	9	7	6	5
4	1	2	3	6	8	5	7	9
3	9	7	1	2	5	8	4	6
6	8	5	9	4	7	2	1	3
9	2	8	4	7	3	6	5	1
7	3	6	5	9	1	4	2	8
1	5	4	2	8	6	9	3	7

191

9	5	8	7	3	2	4	6	1
3	1	6	4	5	8	7	9	2
4	7	2	1	6	9	8	3	5
8	6	3	5	4	1	2	7	9
2	9	7	6	8	3	1	5	4
1	4	5	2	9	7	6	8	3
7	3	9	8	1	4	5	2	6
5	2	1	9	7	6	3	4	8
6	8	4	3	2	5	9	1	7

192

9	8	4	7	6	5	1	2	3
5	3	2	1	9	8	4	7	6
7	6	1	4	3	2	8	5	9
8	9	5	2	1	4	6	3	7
4	7	6	5	8	3	2	9	1
2	1	3	6	7	9	5	4	8
6	5	9	8	4	7	3	1	2
1	2	7	3	5	6	9	8	4
3	4	8	9	2	1	7	6	5

193

1	6	3	4	2	5	7	9	8
9	2	8	7	6	1	5	3	4
4	5	7	9	8	3	1	2	6
5	9	4	3	1	7	6	8	2
3	8	2	5	9	6	4	7	1
7	1	6	8	4	2	3	5	9
2	4	5	1	7	9	8	6	3
8	3	9	6	5	4	2	1	7
6	7	1	2	3	8	9	4	5

194

9	7	4	6	2	8	3	5	1
1	2	3	4	5	9	8	6	7
5	8	6	1	3	7	4	9	2
8	1	9	2	4	3	6	7	5
7	6	5	9	8	1	2	3	4
4	3	2	7	6	5	1	8	9
6	9	8	5	1	4	7	2	3
2	4	7	3	9	6	5	1	8
3	5	1	8	7	2	9	4	6

195

8	9	7	4	2	6	3	5	1
6	2	1	3	5	8	4	9	7
3	4	5	7	9	1	8	2	6
5	6	3	1	7	2	9	8	4
4	7	9	8	6	5	1	3	2
2	1	8	9	4	3	7	6	5
1	3	2	6	8	4	5	7	9
7	5	4	2	3	9	6	1	8
9	8	6	5	1	7	2	4	3

196

9	7	6	2	8	5	4	1	3
5	4	3	1	6	7	9	8	2
8	1	2	9	3	4	6	5	7
6	2	4	7	9	1	8	3	5
1	5	8	3	4	6	7	2	9
7	3	9	5	2	8	1	4	6
2	9	1	4	7	3	5	6	8
3	8	5	6	1	9	2	7	4
4	6	7	8	5	2	3	9	1

197

1	2	9	7	6	3	5	4	8
8	4	3	5	1	2	6	9	7
6	5	7	4	8	9	2	3	1
5	8	1	3	2	7	4	6	9
9	6	2	1	5	4	7	8	3
3	7	4	6	9	8	1	5	2
7	3	6	9	4	1	8	2	5
4	9	8	2	7	5	3	1	6
2	1	5	8	3	6	9	7	4

198

4	2	8	7	1	9	5	3	6
3	5	6	8	4	2	7	9	1
9	1	7	5	3	6	4	2	8
5	8	2	9	7	1	6	4	3
1	9	3	6	2	4	8	7	5
7	6	4	3	8	5	2	1	9
2	7	5	1	9	8	3	6	4
6	3	9	4	5	7	1	8	2
8	4	1	2	6	3	9	5	7

199

4	9	2	7	5	6	8	3	1
7	3	5	8	9	1	6	4	2
6	1	8	3	2	4	9	5	7
3	8	7	5	6	2	1	9	4
9	2	4	1	8	7	5	6	3
5	6	1	9	4	3	7	2	8
8	4	9	2	1	5	3	7	6
1	7	6	4	3	9	2	8	5
2	5	3	6	7	8	4	1	9

200

9	7	2	5	8	1	6	3	4
4	6	3	7	9	2	8	1	5
5	8	1	6	4	3	9	7	2
1	9	6	3	5	8	2	4	7
2	3	7	9	6	4	5	8	1
8	4	5	2	1	7	3	9	6
6	5	8	4	7	9	1	2	3
3	1	4	8	2	5	7	6	9
7	2	9	1	3	6	4	5	8

201

8	5	7	1	9	6	3	2	4
3	4	6	8	5	2	9	1	7
1	9	2	7	4	3	5	8	6
9	3	5	2	8	7	4	6	1
6	2	4	3	1	5	8	7	9
7	8	1	4	6	9	2	3	5
2	7	9	6	3	4	1	5	8
5	6	8	9	2	1	7	4	3
4	1	3	5	7	8	6	9	2

202

6	5	9	1	8	3	2	4	7
2	4	3	7	6	9	8	1	5
7	1	8	4	5	2	3	6	9
5	2	6	8	7	1	9	3	4
3	9	1	2	4	5	7	8	6
8	7	4	9	3	6	5	2	1
4	3	7	5	1	8	6	9	2
1	6	2	3	9	7	4	5	8
9	8	5	6	2	4	1	7	3

203

6	1	3	5	8	9	4	2	7
8	2	7	3	4	6	9	5	1
9	5	4	7	2	1	8	3	6
4	6	2	8	1	5	7	9	3
1	9	8	4	3	7	5	6	2
3	7	5	9	6	2	1	8	4
7	8	1	6	9	3	2	4	5
5	4	6	2	7	8	3	1	9
2	3	9	1	5	4	6	7	8

204

9	3	8	4	7	2	6	1	5
5	2	6	1	9	3	4	8	7
7	4	1	6	5	8	9	2	3
3	9	7	2	8	4	5	6	1
1	6	5	7	3	9	2	4	8
4	8	2	5	1	6	7	3	9
6	1	9	3	2	5	8	7	4
8	7	4	9	6	1	3	5	2
2	5	3	8	4	7	1	9	6

205

5	8	3	6	2	9	7	4	1
9	1	4	5	7	8	2	3	6
2	7	6	1	4	3	5	9	8
7	3	8	4	5	6	1	2	9
1	2	5	9	8	7	4	6	3
4	6	9	2	3	1	8	7	5
3	5	1	7	6	4	9	8	2
6	4	2	8	9	5	3	1	7
8	9	7	3	1	2	6	5	4

206

3	6	5	8	4	7	9	1	2
8	2	1	5	6	9	3	4	7
9	7	4	1	2	3	6	5	8
7	4	6	2	9	1	8	3	5
1	8	2	3	5	6	7	9	4
5	3	9	4	7	8	2	6	1
6	9	8	7	1	5	4	2	3
2	5	3	9	8	4	1	7	6
4	1	7	6	3	2	5	8	9

207

8	7	2	4	3	9	5	6	1
5	4	6	7	8	1	3	9	2
3	9	1	2	6	5	8	4	7
6	8	3	5	1	7	4	2	9
4	1	9	3	2	6	7	8	5
7	2	5	8	9	4	1	3	6
1	3	7	9	4	2	6	5	8
9	6	8	1	5	3	2	7	4
2	5	4	6	7	8	9	1	3

208

3	8	4	5	9	1	6	2	7
1	2	9	6	3	7	8	4	5
5	6	7	4	8	2	9	1	3
9	1	5	7	4	8	3	6	2
2	3	6	1	5	9	7	8	4
4	7	8	3	2	6	1	5	9
7	9	2	8	6	4	5	3	1
6	4	3	9	1	5	2	7	8
8	5	1	2	7	3	4	9	6

209

4	5	3	7	1	6	9	2	8
8	2	9	3	4	5	1	6	7
6	7	1	9	8	2	5	3	4
1	9	7	5	2	3	8	4	6
3	4	5	8	6	1	2	7	9
2	6	8	4	7	9	3	1	5
7	1	4	2	5	8	6	9	3
9	8	6	1	3	7	4	5	2
5	3	2	6	9	4	7	8	1

210

3	2	6	1	8	5	7	4	9
7	5	9	2	4	6	8	1	3
1	8	4	3	7	9	5	6	2
4	3	2	6	5	7	9	8	1
8	1	5	9	2	3	4	7	6
9	6	7	8	1	4	3	2	5
2	9	3	4	6	8	1	5	7
5	4	1	7	3	2	6	9	8
6	7	8	5	9	1	2	3	4

211

3	1	5	4	7	9	2	6	8
9	2	6	1	5	8	7	3	4
7	4	8	6	3	2	5	1	9
8	6	1	2	9	5	4	7	3
4	7	9	8	1	3	6	2	5
5	3	2	7	6	4	8	9	1
1	8	4	3	2	6	9	5	7
6	9	7	5	4	1	3	8	2
2	5	3	9	8	7	1	4	6

212

2	4	6	5	8	7	1	3	9
3	1	8	9	4	6	5	7	2
5	9	7	3	2	1	6	8	4
4	7	5	2	9	8	3	6	1
8	6	1	7	3	4	2	9	5
9	3	2	1	6	5	7	4	8
1	5	3	4	7	9	8	2	6
7	8	9	6	1	2	4	5	3
6	2	4	8	5	3	9	1	7

213

5	3	6	4	1	2	7	9	8
1	9	7	8	5	6	3	4	2
4	8	2	9	7	3	1	6	5
7	1	8	5	6	4	2	3	9
9	6	3	2	8	1	5	7	4
2	4	5	7	3	9	6	8	1
8	5	4	6	2	7	9	1	3
3	7	9	1	4	5	8	2	6
6	2	1	3	9	8	4	5	7

214

4	2	5	8	3	6	7	9	1
8	6	9	5	1	7	4	2	3
1	3	7	4	9	2	5	8	6
7	4	8	2	5	3	1	6	9
2	9	1	6	8	4	3	5	7
6	5	3	1	7	9	2	4	8
5	8	2	7	6	1	9	3	4
3	1	4	9	2	8	6	7	5
9	7	6	3	4	5	8	1	2

215

6	3	9	7	2	5	1	4	8
1	8	5	3	4	6	9	2	7
7	2	4	1	9	8	6	3	5
5	1	6	2	8	4	3	7	9
3	4	7	5	1	9	8	6	2
8	9	2	6	7	3	5	1	4
9	7	8	4	3	1	2	5	6
2	5	3	9	6	7	4	8	1
4	6	1	8	5	2	7	9	3

216

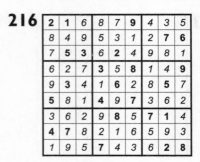

2	1	6	8	7	9	4	3	5
8	4	9	5	3	1	2	7	6
7	5	3	6	2	4	9	8	1
6	2	7	3	5	8	1	4	9
9	3	4	1	6	2	8	5	7
5	8	1	4	9	7	3	6	2
3	6	2	9	8	5	7	1	4
4	7	8	2	1	6	5	9	3
1	9	5	7	4	3	6	2	8

217

1	6	5	4	8	3	9	2	7
3	9	8	6	7	2	4	1	5
2	7	4	1	9	5	6	3	8
9	1	7	8	6	4	3	5	2
8	5	3	9	2	1	7	6	4
4	2	6	5	3	7	1	8	9
5	3	1	7	4	8	2	9	6
6	4	2	3	5	9	8	7	1
7	8	9	2	1	6	5	4	3

218

2	5	7	1	6	9	8	4	3
1	8	6	4	3	5	2	7	9
4	3	9	7	2	8	5	6	1
5	6	1	8	7	3	4	9	2
9	7	8	2	4	6	3	1	5
3	4	2	5	9	1	6	8	7
8	1	3	9	5	4	7	2	6
6	2	4	3	1	7	9	5	8
7	9	5	6	8	2	1	3	4

219

1	9	2	7	5	4	8	6	3
4	3	8	2	6	1	5	7	9
7	5	6	9	8	3	1	2	4
8	2	7	4	3	5	9	1	6
6	1	9	8	2	7	4	3	5
5	4	3	6	1	9	2	8	7
3	6	1	5	9	2	7	4	8
9	8	4	1	7	6	3	5	2
2	7	5	3	4	8	6	9	1

220

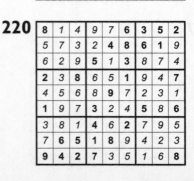

8	1	4	9	7	6	3	5	2
5	7	3	2	4	8	6	1	9
6	2	9	5	1	3	8	7	4
2	3	8	6	5	1	9	4	7
4	5	6	8	9	7	2	3	1
1	9	7	3	2	4	5	8	6
3	8	1	4	6	2	7	9	5
7	6	5	1	8	9	4	2	3
9	4	2	7	3	5	1	6	8

221

8	6	1	7	3	2	4	9	5
9	2	3	6	5	4	1	7	8
5	4	7	8	1	9	2	6	3
6	7	2	1	4	3	8	5	9
1	9	8	5	2	6	7	3	4
3	5	4	9	7	8	6	1	2
4	1	6	3	8	5	9	2	7
2	3	9	4	6	7	5	8	1
7	8	5	2	9	1	3	4	6

222

5	3	6	1	8	2	4	7	9
1	7	9	4	3	6	2	8	5
8	4	2	9	7	5	6	3	1
9	1	8	5	2	7	3	4	6
2	6	4	8	9	3	5	1	7
7	5	3	6	4	1	9	2	8
4	9	1	3	6	8	7	5	2
3	8	7	2	5	9	1	6	4
6	2	5	7	1	4	8	9	3

223

2	5	1	8	6	4	9	7	3
3	6	7	1	9	2	5	8	4
4	8	9	7	3	5	2	1	6
5	4	3	6	2	1	7	9	8
6	7	8	9	5	3	4	2	1
9	1	2	4	7	8	6	3	5
1	2	6	3	4	7	8	5	9
8	9	5	2	1	6	3	4	7
7	3	4	5	8	9	1	6	2

224

8	1	5	2	9	4	6	3	7
9	7	4	5	3	6	8	1	2
3	2	6	8	7	1	5	9	4
6	3	7	1	8	9	4	2	5
5	4	2	3	6	7	9	8	1
1	9	8	4	5	2	3	7	6
4	5	3	7	2	8	1	6	9
2	6	1	9	4	3	7	5	8
7	8	9	6	1	5	2	4	3

225

7	9	6	5	3	4	2	1	8
8	3	1	9	7	2	4	5	6
5	4	2	6	8	1	3	9	7
6	7	9	1	2	5	8	3	4
4	1	8	3	6	7	5	2	9
2	5	3	4	9	8	7	6	1
9	2	4	7	1	3	6	8	5
3	6	5	8	4	9	1	7	2
1	8	7	2	5	6	9	4	3

226

4	9	1	6	5	7	3	8	2
2	8	3	9	1	4	6	5	7
6	5	7	2	8	3	4	1	9
1	6	9	8	2	5	7	3	4
8	3	4	7	9	1	2	6	5
7	2	5	3	4	6	8	9	1
9	7	2	1	3	8	5	4	6
5	1	8	4	6	2	9	7	3
3	4	6	5	7	9	1	2	8

227

2	1	4	6	9	3	5	8	7
6	7	8	2	1	5	9	3	4
5	3	9	4	7	8	6	1	2
8	2	1	7	5	9	4	6	3
4	6	3	1	8	2	7	5	9
7	9	5	3	6	4	1	2	8
9	4	2	5	3	6	8	7	1
1	8	6	9	2	7	3	4	5
3	5	7	8	4	1	2	9	6

228

5	2	9	3	8	7	4	6	1
6	4	7	1	2	9	5	8	3
8	3	1	4	5	6	9	2	7
7	5	2	9	6	8	1	3	4
3	6	4	2	1	5	7	9	8
1	9	8	7	3	4	2	5	6
2	1	5	6	7	3	8	4	9
9	7	6	8	4	2	3	1	5
4	8	3	5	9	1	6	7	2

229

1	4	9	7	8	3	2	6	5
5	7	3	1	6	2	9	4	8
8	2	6	5	4	9	3	1	7
2	6	8	3	1	5	7	9	4
3	1	4	8	9	7	6	5	2
9	5	7	6	2	4	8	3	1
4	3	1	9	7	8	5	2	6
7	9	2	4	5	6	1	8	3
6	8	5	2	3	1	4	7	9

230

3	4	2	8	6	7	5	1	9
9	1	5	3	4	2	6	7	8
8	7	6	5	1	9	4	3	2
6	9	3	1	8	4	2	5	7
5	2	7	6	9	3	1	8	4
1	8	4	2	7	5	9	6	3
2	3	1	9	5	8	7	4	6
7	6	9	4	3	1	8	2	5
4	5	8	7	2	6	3	9	1

231

5	6	8	9	4	3	1	7	2
1	3	7	2	6	8	5	4	9
2	9	4	1	7	5	3	8	6
7	4	5	3	2	9	6	1	8
9	8	1	7	5	6	4	2	3
6	2	3	8	1	4	9	5	7
4	7	2	6	9	1	8	3	5
8	5	9	4	3	7	2	6	1
3	1	6	5	8	2	7	9	4

232

9	4	1	3	5	2	6	8	7
7	6	2	9	1	8	5	3	4
5	8	3	7	6	4	1	9	2
6	3	9	4	2	7	8	1	5
2	5	4	1	8	3	7	6	9
1	7	8	5	9	6	4	2	3
8	1	5	2	7	9	3	4	6
4	9	6	8	3	5	2	7	1
3	2	7	6	4	1	9	5	8

233

6	1	3	4	8	2	9	7	5
4	8	5	9	7	6	1	2	3
7	9	2	5	3	1	4	8	6
8	2	9	3	6	5	7	4	1
1	5	4	2	9	7	3	6	8
3	6	7	8	1	4	5	9	2
9	7	6	1	2	3	8	5	4
5	3	8	6	4	9	2	1	7
2	4	1	7	5	8	6	3	9

234

2	6	3	7	5	8	1	9	4
8	4	9	2	1	3	5	6	7
7	1	5	9	4	6	8	3	2
1	2	4	8	7	9	6	5	3
3	5	6	1	2	4	9	7	8
9	7	8	6	3	5	2	4	1
5	8	7	4	9	1	3	2	6
4	3	1	5	6	2	7	8	9
6	9	2	3	8	7	4	1	5

235

7	5	4	1	6	8	2	3	9
2	3	9	4	7	5	6	8	1
1	8	6	2	9	3	4	5	7
6	1	5	9	4	2	8	7	3
4	9	3	8	1	7	5	6	2
8	2	7	5	3	6	1	9	4
9	6	2	3	5	4	7	1	8
3	7	8	6	2	1	9	4	5
5	4	1	7	8	9	3	2	6

236

9	6	3	1	8	2	4	5	7
2	7	5	4	6	3	8	9	1
1	4	8	7	5	9	2	6	3
7	5	6	2	9	8	1	3	4
3	9	4	6	1	7	5	2	8
8	1	2	5	3	4	6	7	9
4	2	1	3	7	6	9	8	5
5	3	9	8	2	1	7	4	6
6	8	7	9	4	5	3	1	2

237

2	5	7	3	1	8	6	4	9
9	1	8	5	6	4	7	3	2
6	4	3	9	7	2	5	1	8
4	8	1	2	5	9	3	7	6
3	2	9	6	4	7	8	5	1
7	6	5	8	3	1	9	2	4
5	3	2	4	9	6	1	8	7
8	7	6	1	2	3	4	9	5
1	9	4	7	8	5	2	6	3

238

4	9	2	3	8	6	7	5	1
5	7	1	9	2	4	6	8	3
8	3	6	1	7	5	9	4	2
1	6	9	2	5	8	3	7	4
3	4	5	7	6	1	2	9	8
2	8	7	4	9	3	1	6	5
9	1	3	8	4	7	5	2	6
7	5	8	6	3	2	4	1	9
6	2	4	5	1	9	8	3	7

239

3	7	8	2	4	1	6	9	5
6	1	5	8	9	3	4	2	7
4	9	2	5	7	6	1	8	3
7	4	3	1	2	8	5	6	9
1	5	6	7	3	9	8	4	2
8	2	9	6	5	4	7	3	1
5	3	4	9	6	7	2	1	8
2	6	1	3	8	5	9	7	4
9	8	7	4	1	2	3	5	6

240

3	4	7	2	8	1	9	6	5
1	5	6	9	7	4	3	8	2
9	2	8	5	6	3	7	1	4
2	7	1	8	5	9	4	3	6
4	6	3	1	2	7	5	9	8
5	8	9	3	4	6	1	2	7
7	3	2	6	9	5	8	4	1
8	9	4	7	1	2	6	5	3
6	1	5	4	3	8	2	7	9

241

8	3	7	9	5	2	1	6	4
5	1	6	4	7	3	2	9	8
9	4	2	1	6	8	5	7	3
1	9	3	5	2	6	8	4	7
6	7	8	3	1	4	9	5	2
2	5	4	8	9	7	3	1	6
7	6	9	2	8	5	4	3	1
3	2	1	7	4	9	6	8	5
4	8	5	6	3	1	7	2	9

242

2	1	6	8	7	9	4	3	5
8	4	9	5	3	1	2	7	6
7	5	3	6	2	4	9	8	1
6	2	7	3	5	8	1	4	9
9	3	4	1	6	2	8	5	7
5	8	1	4	9	7	3	6	2
3	6	2	9	8	5	7	1	4
4	7	8	2	1	6	5	9	3
1	9	5	7	4	3	6	2	8

243

3	1	5	9	7	4	2	8	6
4	6	2	1	5	8	9	7	3
9	8	7	2	3	6	5	4	1
7	3	1	6	8	2	4	9	5
5	2	9	4	1	3	8	6	7
6	4	8	5	9	7	1	3	2
8	9	6	7	2	5	3	1	4
1	5	4	3	6	9	7	2	8
2	7	3	8	4	1	6	5	9

244

9	1	2	7	5	6	4	3	8
8	4	7	3	9	2	1	6	5
3	5	6	1	8	4	2	9	7
6	7	9	5	2	3	8	4	1
5	3	4	8	1	9	7	2	6
1	2	8	6	4	7	9	5	3
7	9	5	4	3	8	6	1	2
4	6	3	2	7	1	5	8	9
2	8	1	9	6	5	3	7	4

245

2	8	1	6	9	7	3	5	4
5	3	9	2	4	8	6	7	1
4	6	7	5	3	1	8	2	9
9	1	5	3	7	2	4	8	6
8	4	6	9	1	5	2	3	7
7	2	3	8	6	4	1	9	5
3	5	4	7	8	6	9	1	2
1	9	2	4	5	3	7	6	8
6	7	8	1	2	9	5	4	3

246

8	3	5	2	1	7	6	4	9
2	1	9	8	4	6	7	3	5
7	6	4	9	3	5	8	1	2
9	2	8	5	7	3	4	6	1
6	5	7	1	8	4	9	2	3
3	4	1	6	2	9	5	7	8
5	7	6	3	9	2	1	8	4
4	8	2	7	5	1	3	9	6
1	9	3	4	6	8	2	5	7

247

3	8	4	2	6	5	9	1	7
5	2	1	7	9	3	6	8	4
6	7	9	4	1	8	2	3	5
4	1	8	6	3	2	5	7	9
9	5	2	8	4	7	1	6	3
7	6	3	9	5	1	8	4	2
2	3	7	5	8	6	4	9	1
8	9	5	1	7	4	3	2	6
1	4	6	3	2	9	7	5	8

248

9	8	6	1	5	7	4	3	2
2	4	1	3	9	6	7	5	8
7	3	5	8	2	4	9	1	6
4	2	3	7	1	9	6	8	5
6	5	8	2	4	3	1	9	7
1	7	9	6	8	5	2	4	3
5	9	2	4	7	8	3	6	1
3	1	4	5	6	2	8	7	9
8	6	7	9	3	1	5	2	4

249

2	4	3	6	9	8	5	1	7
1	9	5	2	7	3	4	8	6
8	6	7	5	1	4	3	2	9
9	2	4	1	6	5	8	7	3
5	7	8	3	2	9	6	4	1
3	1	6	8	4	7	2	9	5
4	8	9	7	3	6	1	5	2
6	5	2	9	8	1	7	3	4
7	3	1	4	5	2	9	6	8

250

1	8	7	4	3	9	6	5	2
6	5	2	1	7	8	9	3	4
4	9	3	5	6	2	8	1	7
8	6	1	9	2	4	5	7	3
3	4	9	7	5	6	1	2	8
7	2	5	8	1	3	4	9	6
9	7	4	2	8	5	3	6	1
5	1	6	3	4	7	2	8	9
2	3	8	6	9	1	7	4	5

251

7	8	4	1	9	5	2	3	6
3	6	9	8	4	2	5	7	1
1	5	2	3	6	7	8	9	4
4	7	1	5	8	3	6	2	9
2	9	8	4	1	6	7	5	3
5	3	6	2	7	9	4	1	8
6	4	5	7	3	1	9	8	2
9	1	7	6	2	8	3	4	5
8	2	3	9	5	4	1	6	7

252

4	9	1	6	5	7	3	8	2
2	8	3	9	1	4	6	5	7
6	5	7	2	8	3	4	1	9
1	6	9	8	2	5	7	3	4
8	3	4	7	9	1	2	6	5
7	2	5	3	4	6	8	9	1
9	7	2	1	3	8	5	4	6
5	1	8	4	6	2	9	7	3
3	4	6	5	7	9	1	2	8

253

8	5	2	4	9	1	6	3	7
7	1	3	8	2	6	4	9	5
9	4	6	7	3	5	2	8	1
3	9	7	5	6	8	1	4	2
6	8	4	2	1	9	7	5	3
5	2	1	3	4	7	9	6	8
2	6	9	1	5	3	8	7	4
1	3	8	9	7	4	5	2	6
4	7	5	6	8	2	3	1	9

254

2	4	6	3	8	9	1	7	5
3	7	5	4	1	6	9	8	2
1	8	9	7	5	2	6	4	3
7	3	1	8	4	5	2	6	9
9	2	4	6	3	1	7	5	8
6	5	8	2	9	7	3	1	4
4	6	7	5	2	3	8	9	1
5	1	2	9	7	8	4	3	6
8	9	3	1	6	4	5	2	7

255

8	4	1	9	6	2	7	5	3
7	2	5	8	1	3	9	4	6
3	9	6	5	7	4	8	2	1
4	7	3	1	2	6	5	8	9
1	8	9	4	3	5	2	6	7
6	5	2	7	9	8	1	3	4
5	6	7	3	8	9	4	1	2
9	3	4	2	5	1	6	7	8
2	1	8	6	4	7	3	9	5

256

4	8	5	2	6	9	7	1	3
7	3	2	4	1	5	6	9	8
6	9	1	8	3	7	5	2	4
9	5	8	3	7	2	4	6	1
1	6	4	5	9	8	3	7	2
2	7	3	1	4	6	9	8	5
5	1	6	7	2	4	8	3	9
3	4	9	6	8	1	2	5	7
8	2	7	9	5	3	1	4	6

257

6	8	4	9	3	2	5	7	1
7	9	1	4	8	5	6	3	2
5	2	3	1	6	7	4	9	8
8	1	5	3	9	4	7	2	6
3	6	7	2	1	8	9	4	5
2	4	9	5	7	6	1	8	3
4	7	8	6	5	3	2	1	9
9	5	2	8	4	1	3	6	7
1	3	6	7	2	9	8	5	4

258

6	2	7	9	4	1	3	5	8
3	1	5	8	7	2	6	4	9
8	9	4	5	3	6	2	1	7
2	4	1	7	8	9	5	6	3
9	7	3	4	6	5	8	2	1
5	8	6	2	1	3	9	7	4
1	3	8	6	5	4	7	9	2
4	5	9	3	2	7	1	8	6
7	6	2	1	9	8	4	3	5

259

8	2	3	6	4	7	9	5	1
5	4	7	2	9	1	6	3	8
9	6	1	5	8	3	2	4	7
6	3	4	9	7	5	1	8	2
1	9	8	3	6	2	4	7	5
7	5	2	8	1	4	3	9	6
4	7	9	1	2	8	5	6	3
2	8	5	4	3	6	7	1	9
3	1	6	7	5	9	8	2	4

260

5	9	1	3	4	2	7	6	8
8	7	3	6	9	1	4	2	5
4	6	2	5	7	8	9	1	3
1	2	8	9	5	4	3	7	6
7	5	9	2	3	6	8	4	1
6	3	4	1	8	7	2	5	9
2	1	7	8	6	3	5	9	4
3	4	5	7	1	9	6	8	2
9	8	6	4	2	5	1	3	7

261

6	9	4	2	3	7	8	5	1
2	5	7	9	1	8	3	4	6
3	1	8	4	5	6	9	7	2
9	6	1	7	4	5	2	8	3
4	3	2	8	6	1	5	9	7
7	8	5	3	2	9	1	6	4
8	7	3	6	9	2	4	1	5
5	4	9	1	7	3	6	2	8
1	2	6	5	8	4	7	3	9

262

4	6	1	8	5	7	2	9	3
2	5	9	4	1	3	7	8	6
7	3	8	9	2	6	4	1	5
3	2	5	6	4	9	1	7	8
8	1	6	5	7	2	3	4	9
9	7	4	1	3	8	5	6	2
1	9	3	7	6	5	8	2	4
6	4	2	3	8	1	9	5	7
5	8	7	2	9	4	6	3	1

263

6	3	8	9	5	4	2	1	7
2	5	7	6	3	1	4	9	8
1	4	9	7	8	2	6	3	5
7	2	5	3	4	8	1	6	9
8	6	3	1	9	7	5	4	2
9	1	4	2	6	5	7	8	3
4	8	6	5	7	9	3	2	1
3	7	1	8	2	6	9	5	4
5	9	2	4	1	3	8	7	6

264

4	9	8	2	6	5	3	1	7
6	2	1	3	7	9	5	4	8
3	5	7	8	4	1	2	9	6
7	8	3	4	2	6	9	5	1
1	4	5	7	9	8	6	2	3
2	6	9	5	1	3	7	8	4
5	1	6	9	3	4	8	7	2
8	3	2	1	5	7	4	6	9
9	7	4	6	8	2	1	3	5

265

6	5	1	8	9	4	3	2	7
8	2	7	1	6	3	9	4	5
4	3	9	7	2	5	6	1	8
9	8	3	5	4	1	7	6	2
7	6	2	3	8	9	4	5	1
5	1	4	2	7	6	8	3	9
3	7	8	4	5	2	1	9	6
1	9	5	6	3	7	2	8	4
2	4	6	9	1	8	5	7	3

266

3	2	9	5	7	4	1	8	6
6	1	8	2	3	9	4	5	7
4	5	7	8	6	1	2	3	9
9	7	2	4	1	5	8	6	3
8	4	3	9	2	6	5	7	1
5	6	1	3	8	7	9	2	4
2	8	6	1	9	3	7	4	5
7	9	4	6	5	2	3	1	8
1	3	5	7	4	8	6	9	2

267

4	8	6	1	2	7	3	9	5
5	7	3	8	9	4	6	2	1
9	1	2	6	3	5	7	4	8
1	9	5	2	7	8	4	6	3
2	6	4	3	5	1	9	8	7
7	3	8	9	4	6	5	1	2
3	5	9	4	8	2	1	7	6
8	4	1	7	6	3	2	5	9
6	2	7	5	1	9	8	3	4

268

9	1	6	5	8	2	4	3	7
3	8	7	9	4	1	5	2	6
2	5	4	3	7	6	8	1	9
1	4	9	8	6	3	7	5	2
7	3	2	4	5	9	6	8	1
8	6	5	1	2	7	3	9	4
6	7	3	2	9	8	1	4	5
5	9	1	6	3	4	2	7	8
4	2	8	7	1	5	9	6	3

269

4	5	2	3	7	1	6	8	9
8	6	3	4	5	9	7	2	1
1	9	7	2	6	8	5	4	3
9	8	6	7	1	2	3	5	4
7	3	5	6	9	4	8	1	2
2	4	1	8	3	5	9	7	6
6	1	8	5	4	3	2	9	7
3	2	4	9	8	7	1	6	5
5	7	9	1	2	6	4	3	8

270

1	6	8	7	2	4	5	9	3
9	3	5	1	6	8	4	2	7
7	4	2	3	5	9	1	8	6
2	1	4	5	9	3	6	7	8
3	8	7	4	1	6	2	5	9
5	9	6	8	7	2	3	4	1
6	2	3	9	4	7	8	1	5
8	7	1	2	3	5	9	6	4
4	5	9	6	8	1	7	3	2

271

7	2	6	3	9	8	5	4	1
1	5	8	6	7	4	2	9	3
4	9	3	2	1	5	6	8	7
3	8	5	7	2	6	4	1	9
2	6	1	9	4	3	7	5	8
9	4	7	8	5	1	3	2	6
6	1	2	4	8	7	9	3	5
8	3	4	5	6	9	1	7	2
5	7	9	1	3	2	8	6	4

272

1	3	8	4	6	5	7	9	2
4	2	7	3	8	9	1	5	6
9	5	6	7	1	2	8	4	3
5	7	4	9	2	3	6	1	8
8	9	2	1	4	6	3	7	5
6	1	3	5	7	8	9	2	4
7	8	1	6	5	4	2	3	9
3	6	5	2	9	1	4	8	7
2	4	9	8	3	7	5	6	1

273

4	2	9	8	7	3	6	5	1
8	3	1	6	5	4	2	7	9
5	7	6	2	9	1	4	8	3
9	4	7	5	3	6	1	2	8
2	6	8	9	1	7	3	4	5
1	5	3	4	2	8	7	9	6
7	8	4	1	6	9	5	3	2
3	1	5	7	8	2	9	6	4
6	9	2	3	4	5	8	1	7

274

5	1	8	6	4	7	2	9	3
3	7	9	2	1	5	6	8	4
6	4	2	9	8	3	7	1	5
8	3	6	1	9	2	4	5	7
7	9	4	3	5	8	1	2	6
1	2	5	7	6	4	9	3	8
4	5	7	8	2	9	3	6	1
2	6	3	5	7	1	8	4	9
9	8	1	4	3	6	5	7	2

275

4	6	3	2	9	7	1	5	8
1	5	7	3	8	4	9	6	2
9	2	8	6	1	5	7	4	3
2	8	4	1	3	9	5	7	6
6	7	9	4	5	8	3	2	1
3	1	5	7	2	6	8	9	4
5	9	2	8	6	3	4	1	7
7	3	1	9	4	2	6	8	5
8	4	6	5	7	1	2	3	9

276

5	8	1	9	2	6	7	4	3
2	3	6	7	1	4	9	8	5
4	9	7	5	8	3	2	6	1
6	5	4	2	7	8	3	1	9
9	2	8	3	4	1	5	7	6
7	1	3	6	5	9	8	2	4
1	4	5	8	3	2	6	9	7
8	7	9	4	6	5	1	3	2
3	6	2	1	9	7	4	5	8

277

5	2	1	8	9	7	3	6	4
9	4	7	2	3	6	1	5	8
6	8	3	4	1	5	7	9	2
3	5	6	1	2	4	8	7	9
8	1	4	7	5	9	6	2	3
7	9	2	6	8	3	4	1	5
1	6	5	9	4	8	2	3	7
2	3	8	5	7	1	9	4	6
4	7	9	3	6	2	5	8	1

278

2	1	6	8	7	9	4	3	5
8	4	9	5	3	1	2	7	6
7	5	3	6	2	4	9	8	1
6	2	7	3	5	8	1	4	9
9	3	4	1	6	2	8	5	7
5	8	1	4	9	7	3	6	2
3	6	2	9	8	5	7	1	4
4	7	8	2	1	6	5	9	3
1	9	5	7	4	3	6	2	8

279

8	6	2	5	3	4	7	9	1
3	9	7	2	1	6	4	8	5
5	4	1	7	9	8	6	2	3
9	3	8	6	7	1	2	5	4
1	2	5	9	4	3	8	6	7
6	7	4	8	2	5	1	3	9
4	1	6	3	8	9	5	7	2
7	5	9	4	6	2	3	1	8
2	8	3	1	5	7	9	4	6

280

9	3	6	7	1	8	4	5	2
5	8	4	2	9	6	1	7	3
1	7	2	5	3	4	9	6	8
4	1	8	3	5	7	2	9	6
2	9	5	6	4	1	8	3	7
7	6	3	8	2	9	5	4	1
3	4	9	1	7	2	6	8	5
6	2	7	9	8	5	3	1	4
8	5	1	4	6	3	7	2	9

281

2	9	3	1	7	6	4	8	5
6	4	1	8	2	5	9	7	3
7	8	5	3	4	9	6	2	1
3	2	6	4	1	7	5	9	8
4	1	7	5	9	8	3	6	2
9	5	8	6	3	2	1	4	7
5	6	9	2	8	3	7	1	4
1	3	2	7	6	4	8	5	9
8	7	4	9	5	1	2	3	6

282

9	6	5	7	8	1	4	2	3
4	1	3	6	2	5	8	9	7
7	8	2	4	9	3	1	6	5
5	2	8	1	4	6	7	3	9
3	4	9	5	7	8	2	1	6
1	7	6	9	3	2	5	4	8
6	9	1	2	5	7	3	8	4
8	5	4	3	1	9	6	7	2
2	3	7	8	6	4	9	5	1

283

5	7	9	4	1	3	8	2	6
2	8	1	6	9	7	4	3	5
4	3	6	8	2	5	7	9	1
8	9	7	5	3	4	6	1	2
3	2	4	9	6	1	5	7	8
6	1	5	7	8	2	3	4	9
7	4	8	1	5	9	2	6	3
9	5	2	3	4	6	1	8	7
1	6	3	2	7	8	9	5	4

284

8	7	1	5	9	2	3	6	4
9	6	2	4	3	1	5	7	8
3	5	4	8	7	6	2	9	1
4	9	3	6	2	5	1	8	7
2	1	6	9	8	7	4	5	3
7	8	5	3	1	4	6	2	9
1	4	8	2	6	9	7	3	5
5	2	9	7	4	3	8	1	6
6	3	7	1	5	8	9	4	2

285

4	9	8	1	3	5	2	6	7
7	5	6	2	9	4	3	1	8
2	3	1	6	7	8	4	9	5
8	4	2	3	6	7	9	5	1
5	1	9	4	8	2	7	3	6
6	7	3	5	1	9	8	2	4
1	8	7	9	2	6	5	4	3
3	2	5	7	4	1	6	8	9
9	6	4	8	5	3	1	7	2

286

7	5	6	8	9	4	3	1	2
2	4	1	3	6	5	9	7	8
8	9	3	7	2	1	4	5	6
6	1	8	4	3	2	5	9	7
5	2	4	1	7	9	8	6	3
3	7	9	6	5	8	2	4	1
1	8	2	9	4	7	6	3	5
4	3	5	2	1	6	7	8	9
9	6	7	5	8	3	1	2	4

287

1	4	9	3	7	2	8	5	6
8	3	6	4	5	1	2	7	9
5	2	7	9	6	8	3	4	1
2	5	4	1	9	3	7	6	8
9	7	8	6	2	5	4	1	3
6	1	3	7	8	4	9	2	5
3	6	5	8	4	7	1	9	2
7	9	1	2	3	6	5	8	4
4	8	2	5	1	9	6	3	7

288

2	9	5	7	4	6	3	1	8
8	3	6	1	2	9	5	7	4
4	7	1	8	5	3	2	6	9
1	5	3	9	7	2	8	4	6
9	4	2	6	3	8	1	5	7
6	8	7	5	1	4	9	3	2
3	6	9	4	8	5	7	2	1
7	2	4	3	9	1	6	8	5
5	1	8	2	6	7	4	9	3

289

6	8	9	7	1	4	2	3	5
7	5	1	2	3	9	6	4	8
4	3	2	6	8	5	1	9	7
9	1	8	3	6	2	5	7	4
2	7	4	5	9	1	8	6	3
5	6	3	4	7	8	9	1	2
8	4	7	9	5	6	3	2	1
3	9	5	1	2	7	4	8	6
1	2	6	8	4	3	7	5	9

290

5	3	6	8	4	2	7	9	1
8	2	1	7	5	9	6	3	4
9	7	4	3	6	1	8	5	2
4	6	9	1	8	3	2	7	5
7	5	8	2	9	6	4	1	3
3	1	2	5	7	4	9	6	8
1	4	3	6	2	7	5	8	9
6	9	5	4	3	8	1	2	7
2	8	7	9	1	5	3	4	6

291

8	7	5	2	4	1	9	3	6
4	9	3	7	5	6	1	8	2
1	2	6	3	9	8	4	5	7
7	6	2	8	3	9	5	1	4
9	3	1	5	6	4	2	7	8
5	4	8	1	2	7	6	9	3
2	5	4	9	7	3	8	6	1
3	8	9	6	1	2	7	4	5
6	1	7	4	8	5	3	2	9

292

8	4	5	2	3	7	1	9	6
6	3	9	5	1	4	7	8	2
2	7	1	6	8	9	3	5	4
9	2	8	1	5	6	4	3	7
5	6	7	3	4	8	2	1	9
4	1	3	7	9	2	8	6	5
3	5	6	4	7	1	9	2	8
1	8	4	9	2	5	6	7	3
7	9	2	8	6	3	5	4	1

293

4	9	5	7	3	2	6	1	8
6	3	8	1	9	4	2	7	5
2	7	1	6	8	5	3	9	4
8	5	7	3	4	1	9	2	6
9	6	3	5	2	7	8	4	1
1	2	4	9	6	8	7	5	3
7	4	2	8	1	3	5	6	9
5	8	6	4	7	9	1	3	2
3	1	9	2	5	6	4	8	7

294

1	9	3	5	6	2	4	7	8
4	6	8	1	3	7	9	2	5
5	7	2	9	8	4	1	6	3
2	5	7	8	9	3	6	4	1
9	8	6	4	2	1	3	5	7
3	1	4	7	5	6	2	8	9
8	4	5	6	1	9	7	3	2
6	2	9	3	7	5	8	1	4
7	3	1	2	4	8	5	9	6

295

6	1	4	9	7	2	3	5	8
2	9	5	3	4	8	6	7	1
3	8	7	5	6	1	2	9	4
9	2	3	1	5	4	7	8	6
5	6	8	7	9	3	1	4	2
4	7	1	2	8	6	9	3	5
8	4	9	6	1	7	5	2	3
7	3	6	8	2	5	4	1	9
1	5	2	4	3	9	8	6	7

296

2	9	5	4	3	7	1	6	8
6	1	8	5	9	2	4	7	3
7	4	3	8	6	1	2	9	5
8	5	4	1	2	6	9	3	7
1	3	7	9	4	8	6	5	2
9	6	2	7	5	3	8	1	4
5	2	1	6	7	4	3	8	9
4	8	9	3	1	5	7	2	6
3	7	6	2	8	9	5	4	1

297

5	1	8	3	9	7	6	4	2
2	4	6	1	8	5	7	3	9
9	3	7	2	4	6	1	8	5
4	8	2	7	6	1	5	9	3
1	9	3	4	5	8	2	7	6
6	7	5	9	3	2	8	1	4
3	2	1	5	7	4	9	6	8
8	5	9	6	1	3	4	2	7
7	6	4	8	2	9	3	5	1

298

6	4	9	8	7	1	5	2	3
5	3	2	4	9	6	7	1	8
8	1	7	3	2	5	9	6	4
7	9	4	1	3	2	8	5	6
2	8	1	5	6	7	3	4	9
3	6	5	9	8	4	1	7	2
9	5	6	2	1	3	4	8	7
4	7	8	6	5	9	2	3	1
1	2	3	7	4	8	6	9	5

299

6	1	8	2	3	4	7	9	5
5	4	9	7	8	6	2	1	3
7	2	3	1	9	5	8	6	4
2	3	5	9	6	1	4	7	8
8	6	4	3	2	7	9	5	1
1	9	7	5	4	8	3	2	6
4	8	2	6	5	9	1	3	7
3	5	1	4	7	2	6	8	9
9	7	6	8	1	3	5	4	2

300

7	8	5	1	4	9	6	3	2
6	3	9	5	8	2	4	1	7
2	1	4	6	3	7	5	9	8
8	2	3	4	1	5	7	6	9
4	7	6	9	2	8	3	5	1
9	5	1	7	6	3	8	2	4
3	9	2	8	7	6	1	4	5
5	4	8	3	9	1	2	7	6
1	6	7	2	5	4	9	8	3